Tamara Ginsberg

Enriched E-Books. Herausforderungen und Chancen für Verlage

Identifikation von Potentialen und Auswirkungen auf die Wertschöpfung angereicherter Leistungsangebote

GRIN Verlag

Bibliografische Information der Deutschen Nationalbibliothek:

Die Deutsche Bibliothek verzeichnet diese Publikation in der Deutschen National-
bibliografie; detaillierte bibliografische Daten sind im Internet über http://dnb.d-
nb.de/ abrufbar.

Dieses Werk sowie alle darin enthaltenen einzelnen Beiträge und Abbildungen
sind urheberrechtlich geschützt. Jede Verwertung, die nicht ausdrücklich vom
Urheberrechtsschutz zugelassen ist, bedarf der vorherigen Zustimmung des Verlages. Das gilt insbesondere für Vervielfältigungen, Bearbeitungen, Übersetzungen,
Mikroverfilmungen, Auswertungen durch Datenbanken und für die Einspeicherung
und Verarbeitung in elektronische Systeme. Alle Rechte, auch die des auszugsweisen
Nachdrucks, der fotomechanischen Wiedergabe (einschließlich Mikrokopie) sowie
der Auswertung durch Datenbanken oder ähnliche Einrichtungen, vorbehalten.

Impressum:

Copyright © 2013 GRIN Verlag GmbH
Druck und Bindung: Books on Demand GmbH, Norderstedt Germany
ISBN: 978-3-656-44525-8

Dieses Buch bei GRIN:

http://www.grin.com/de/e-book/215185/enriched-e-books-herausforderungen-und-
chancen-fuer-verlage

GRIN - Your knowledge has value

Der GRIN Verlag publiziert seit 1998 wissenschaftliche Arbeiten von Studenten, Hochschullehrern und anderen Akademikern als eBook und gedrucktes Buch. Die Verlagswebsite www.grin.com ist die ideale Plattform zur Veröffentlichung von Hausarbeiten, Abschlussarbeiten, wissenschaftlichen Aufsätzen, Dissertationen und Fachbüchern.

Besuchen Sie uns im Internet:

http://www.grin.com/

http://www.facebook.com/grincom

http://www.twitter.com/grin_com

Enriched E-Books:
Identifikation von Potentialen und Auswirkungen auf die Wertschöpfung
angereicherter Leistungsangebote.
Herausforderungen und Chancen für Verlage

Hausarbeit zur Erlangung des
akademischen Grades
Diplom-Medienwirtin

Vorgelegt dem Fachbereich
Sozialwissenschaften, Medien und Sport
der Johannes Gutenberg-Universität Mainz
(Professur für Medienwirtschaft)

von
Tamara Ginsberg
10. Fachsemester Medienmanagement

Bacharach, 06. Mai 2013

Inhaltsverzeichnis

Abkürzungsverzeichnis

Abb.	Abbildung
App	Applikation
ARD	Arbeitsgemeinschaft der öffentlich-rechtlichen Rundfunkanstalten der Bundesrepublik Deutschland
CD	Compact Disc
CM	Content Management
CMS	Content Management System
CSS	Cascading Style Sheets
DRM	Digital Rights Management
ebd.	ebenda
EPUB	Electronic Publishing
HTML	Hypertext Markup Language
iBA	iBooks Author
IDPF	International Digital Publishing Forum
LCD	Liquid Crystal Display
PC	Personal Computer
PDA	Personal Digital Assistent
PDF	Portable Document Format
PwC	PricewaterhouseCoopers
Tab.	Tabelle
Vgl.	vergleich
vs.	versus
XML	Extensible Markup Language
ZDF	Zweites Deutsches Fernsehen

Abbildungsverzeichnis

Tabellenverzeichnis

1. Einleitung

Enriched E-Books (mit interaktiven Zusatzfunktionen und medialen Zusatzmaterialien angereicherte E-Books)[1], sind momentan in der Buchbranche in aller Munde. Neue funktionale und inhaltliche Möglichkeiten der Anreicherung lassen die Verlagsbranche hoffen, dem Leser[2] neben dem traditionellen gedruckten Buch und dessen 1:1 Übertragung ins Digitale eine elektronische Variante zur Verfügung stellen zu können, die sowohl dem fortschreitenden Trend der Digitalisierung als auch der Entwicklung neuer Technologien und Nutzerpräferenzen gerecht werden kann.

Durch eine Befragung von Branchenexperten und die Auswertung einer Angebotserhebung leistet diese Diplomarbeit eine qualitative Betrachtung und empirische Identifikation von Kausalmechanismen der aktuellen Marktstruktur und dem zukünftigen Marktpotential sowie der Wertschöpfung von angereicherten E-Books. Eingangs werden Relevanz der Thematik und Zielsetzung, Beiträge zum Forschungsfeld sowie der Aufbau der Arbeit erläutert.

1.1 Relevanz der Thematik und Zielsetzung

Nachdem die Digitalisierung und die Entwicklung neuer Technologien in der Medienlandschaft grundlegende Veränderungen ausgelöst haben, halten sie nun auch die Buchbranche in Atem und stellen diese vor große Herausforderungen. Buchverlage haben im Zuge dieser Zäsur nicht nur ihre Wertschöpfungsprozesse, sondern auch ihre Produkte digitalisiert. Das E-Book hat Einzug in das Portfolio der Verlage genommen, wodurch das Jahrhunderte alte Paradigma der Bindung von Inhalt an gedruckte Herstellung eines Buches aufgelöst wurde.

Der durch die Digitalisierung evozierte Rausch zwischen Euphorie und Skepsis hat sich gelegt und die meisten Verlage sind in das Geschäft mit E-Books eingestiegen. Auch wenn der digitale Sektor mit einem Umsatzanteil von zwei Prozent am gesamten Buchmarkt momentan noch als marginal bezeichnet werden kann, hat sich das elektronische Buch etabliert. Experten sind sich sicher, dass das E-Book seine Position ausbauen und eine starke Rolle im Markt einnehmen wird – auch wenn die Ausmaße kontrovers diskutiert werden.

Dennoch stoßen Verlage und Handel bei großen Teilen der Leser auf ein eher zurückhaltendes Interesse in Bezug auf die elektronischen Buchausgaben. Gründe dafür

---

[1] Im Folgenden wird bewusst darauf verzichtet, enriched E-Books zu definieren. Die Begründung dafür sowie mögliche Begriffsabgrenzungen befinden sich unter 5.1. Weiterhin verwendet diese Arbeit die Bezeichnung *angereicherte* oder *enriched (engl. = angereichert) E-Books*.
[2] Es stellt sich die Frage, ob bei angereicherten E-Books noch von Leser gesprochen werden kann oder der Begriff Rezipient angemessener ist.

werden nicht nur in der ausbaufähigen Verfügbarkeit der E-Book-Titel, den sehr hohen Preisen der Lesegeräte und deren teils unzureichendem Funktionsumfang sowie der Format-Kompatibilität der Dateien gesehen. Insbesondere die Preisgestaltung der E-Books wird von vielen Lesern als zu hoch und unangemessen empfunden. Eine bloße 1:1 Übertragung der gedruckten in die digitale Version ist bei gleichem Verkaufspreis aus Konsumentensicht nicht gerechtfertigt. Die Leser sehen in dem Wegfall des physischen Vertriebs und dem nur immateriellen, digitalen Besitz der Ware Buch die Rechtfertigung für einen geringeren Preises im Vergleich zum gedruckten Exemplar. Text-only-E-Books haben den Ruf von altem Wein in neuen Schläuchen. Forderungen nach alternativer Preisgestaltung oder Mehrwert der elektronischen Ausgabe werden auf Kundenseite laut.

Auch wenn der Buchmarkt momentan noch konsolidiert erscheint und ein erster Schritt hin zum digital aufgestellten Produktportfolio getan wurde, steht die Branche vor einschneidenden Herausforderungen. Die bloße Überführung des Geschäfts- und Pricingmodells der Printobjekte auf E-Books hat für Verlage bisher nur zu mäßigem Erfolg geführt. Hinzu kommt, dass ein verändertes Mediennutzungsverhalten, sich verstärkende intermediale Konkurrenz um Rezipientenaufmerksamkeit und eine voranschreitende Medienkonvergenz[3] die Verlage zusätzlich unter Zugzwang setzen.

Eine geringe Anzahl der deutschen Verlage greift den Ruf nach Mehrwert und die Chancen der Digitalisierung bereits auf und reichert Texte mit multimedialen und interaktiven Elementen wie Audio- und Videodateien, animierten Illustrationen oder Spielen an. Obwohl sich diese als enhanced oder enriched bezeichneten E-Books momentan noch in einem sehr frühen Marktstadium befinden, wird ihnen von vielen Branchenteilnehmern aufgrund ihrer Multimedialität, erweiterten Funktionalität und der damit einhergehenden Befriedigung neuer Mediennutzungsmuster ein großes Marktpotential vorausgesagt. Gleichzeitig spiegeln angereicherte E-Books die Notwendigkeit der Buchbranche wider, frühzeitig einen zukunftsweisenden Weg einzuschlagen, durch den das Buch im intermedialen Konkurrenzkampf bestehen kann.

Die vorliegende Forschungsarbeit erkennt sowohl das Potential als auch die Notwendigkeit angereicherter E-Books und beleuchtet eine theoretisch und analytisch bisher unbeachtete Produktkategorie. Die Arbeit leistet aufgrund fehlender wissenschaftlicher Untersuchungen des enriched E-Book-Sektors einen Beitrag zur Grundlagenforschung. Es werden nicht nur die verschiedenen Möglichkeiten der multimedialen und funktionalen Anreicherung, sondern auch grundlegende Herausforderungen aufge-

---

[3] Konvergenz kann allgemein als ein Prozess der Interaktion zwischen der Wettbewerbsstruktur (Unternehmensumwelt) und Unternehmensstrategie, welcher zur strukturellen Verschmelzung und Annäherung bisher getrennter Märkte führt, interpretiert werden. Man spricht im Allgemeinen von der Konvergenz der TIME-Branchen (Telekommunikation, Informations-Technologie, Medien, Entertainment), Vgl. Keuper & Hans (2006, S. 405).

zeigt, die diese während des Wertschöpfungsprozesses mit sich bringt. Neben der Beschreibung der Ist-Situation wird weiterhin eine Einschätzung der zukünftigen Markt-entwicklung von enriched E-Books gegeben und bedingende Erfolgsfaktoren analy-siert. Zielführend soll dargestellt werden, ob die angereicherte Produktversion die Ant-wort auf die Zukunft des E-Books ist oder lediglich als willkommene Alternative angesehen werden kann.

1.2 Forschungsstand

Obwohl angereicherte E-Books in aller Munde sind und besonders in der Fachpresse immer wieder erwähnt und diskutiert werden, ist Literatur, die sich theoriegeleitet mit dem konkreten Phänomen dieser neuen E-Book-Kategorie auseinandersetzt, nach persönlichem Kenntnisstand bislang nicht vorhanden. Die Suche nach qualitativen Forschungsarbeiten zu den Eigenschaften angereicherter E-Books oder deren Wert-schöpfung blieb erfolglos.[4] Weiterhin liegen keine quantitativen Daten für diesen Marktsektor vor. Dies scheint hauptsächlich der Tatsache geschuldet zu sein, dass die enriched E-Books eine noch recht junge Produktkategorie auf dem Buchmarkt sind.

Zwar finden angereicherte Leistungsangebot in Forschungsliteratur über den E-Book-Markt als neues Marktphänomen Erwähnung, diese Ausführungen sind allerdings in keinem gefundenen Beispiel theoretisch hinterlegt oder tiefer gehender ausgeführt (Vgl. Matrisch & Welsch, 2011, S. 16; Roesler-Graichen & Schild, 2008, S. 92; Tißler, 2010, S. 223-230). Robert Galitz widmet dem enriched E-Book in seinem Aufsatz „E-Books und Enhanced E-Books: Neue Herausforderungen für Autoren und Verlage" zwar vermehrt Aufmerksamkeit und zeigt durch die Benennung von wachstumsbedin-genden Faktoren auf, woran es bei der Marktetablierung der angereicherten Bücher scheitert (Vgl. Fedtke & Reinerth, 2012, S. 33-49). Galitz leistet jedoch keine fundierte Analyse dieser Kriterien und geht auch nicht konkreter auf die verlagsinternen Heraus-forderungen oder die Wertschöpfung angereicherter E-Books ein.

Die Fachpresse hingegen, insbesondere *Buchreport*, nimmt sich des Themas in aktuel-len Meldungen immer wieder an. In allen gefundenen Artikeln bleibt jedoch eine theo-retische Analyse aus und die Autoren beschränken sich auf die Beschreibung des Status Quo mittels Veranschaulichung durch beispielhafte enriched E-Books oder Er-fahrungsberichte, oft in Interviewform mit verantwortlichen Verlagsmitarbeitern.

---

[4] Bei der Literaturrecherche wurde die nicht einheitliche Begriffsdefinition bedacht und nach verschiedenen Bezeichnungen unterschiedlicher Orthografie gesucht. Neben der Recherche mit allgemeinen Suchmaschinen (u.a *Google, Yahoo*) und im Universitätsnetzwerk wurden die wissenschaftlichen Suchmaschinen *Google Scholar* und *Scirus* ebenso verwendet wie das Wissenschaftsportal *b2i* für Bibliotheks-, Buch- und Informationswissenschaften.

Literatur und Studien, die sich mit der Digitalisierung des Medienwesens im Allgemeinen (Vgl. Scholz, 2006; Schumann & Hess, 2006; Wirtz, 2006) und speziell des Buchwesens (Vgl. Clement, Blömeke & Sambeth, 2009; Hiller, 2011; Janello, 2010; Titel, 2007) und deren Auswirkung beschäftigen, sind vielfältig vorhanden.

Für quantitative Beschreibungen des E-Book-Marktes wird nicht nur auf Studien des *Börsenverein des deutschen Buchhandels* (2011, 2012a, 2012b) und Untersuchungen von *PricewaterhouseCooper* (2010, 2012, 2013) zurückgegriffen, sondern auch auf diverse Online-Meldungen – insbesondere der Fachzeitschriften *Buchreport* und *Börsenblatt*. Eine qualitative Beschreibung und die dazugehörenden Themenbereiche wie Lesegeräte und Formate liefern unter anderem Görlich (2012), Matrisch und Welsch (2011) sowie Roesler-Graichen und Schild (2008) als auch diverse Internetquellen.

Für den theoretischen Hintergrund dieser Arbeit werden hauptsächlich die Werke von Wirtz (2006) im Bereich Wertschöpfung und Schulze (2003, 2005) im Bereich Content Management und Mehrfachverwertung zu Rate gezogen.

1.3 Aufbau der Arbeit und methodisches Vorgehen

Die Arbeit gliedert sich in vier empirische Hauptteile, die auf diese Einleitung, eine deskriptive Marktanalyse und einen theoretischen Teil folgen. Am Ende der Arbeit werden die Ergebnisse zusammengefasst und interpretiert.

Die einleitende Marktanalyse (siehe 2.) erfolgt sowohl für den allgemeinen als auch spezifisch für den digitalen Buchmarkt und leistet durch ein Beschreibungskonzept anhand aktueller Zahlen sowie Prognosen eine Bestandsaufnahme von Struktur und Funktionsweise. Da diese Arbeit nicht die Beschreibung des E-Book-Marktes zum Gegenstand hat, wurde dieser Teil bewusst kurz gehalten. Unter 3. werden die theoretischen Grundlagen des Themas durch die Erklärung wichtiger betriebs- und medienökonomischer Management- und Strategiekonzepte dargelegt. Der vierte Abschnitt liefert die Beschreibung der qualitativen Methoden, auf welchen die Ergebnisse dieser Forschungsarbeit fußen.

Im ersten empirischen Teil (siehe 5.) wird der Versuch erläutert, angereicherte E-Books begrifflich abzugrenzen. Ausgehend von einer stichprobenbasierten Angebotserhebung wird weiterhin eine Beschreibung und Systematisierung der funktionalen und medialen Anreicherungsarten geleistet. Gegenstand des sechsten Abschnitts ist die aktuelle Marktsituation der enriched E-Books. Im Empirie Teil III (siehe 7.) werden die zentralen Herausforderungen und Problemstellungen der Wertschöpfung differenziert dargestellt. Abschnitt 8. fokussiert die Einschätzung der Experten, welches Marktpotential enriched E-Books beherbergen. Im abschließenden Teil der Arbeit (siehe 9.) folgen auf die Zusammenfassung und Interpretation der Ergebnisse Ansätze für weiterführenden Forschungsbedarf. Im abschließenden Fazit werden in einem wertenden Resümee die Schlussfolgerungen der Untersuchung dargelegt.

Der Schwerpunkt dieser Diplomarbeit liegt durchgehend, von der Marktbeschreibung bis hin zur Identifikation von Potentialen, auf den produzierenden Verlagen. Eine absatzpolitische Betrachtung der Konsumentenseite findet durch eine Einschätzung der Experten Gebrauch, jedoch nicht in differenziertem Ausmaß. Aufgrund der zeitlichen Begrenzung der Arbeit musste auf eine zusätzliche, qualitative oder quantitative Konsumentenbefragung verzichtet werden. Des Weiteren wird sich auf den deutschen Markt fokussiert und Vergleiche mit anderen Ländern werden als nicht zielführend erachtet. Auch wenn die Buch-App im Bereich Formate und Marktpotential kurz beleuchtet wird, liegt der Schwerpunkt der Arbeit auf E-Book-Formaten.

2. Marktbeschreibung

Das folgende Kapitel bildet die Ausgangslage für das grundlegende Verständnis von Bedeutung und Funktionsweise der Buchbranche, insbesondere des digitalen Segments. Aufbauend auf die kurze Beschreibung der wirtschaftlichen Lage und der Perspektive des Buchmarktes im Allgemeinen folgt im zweiten Block eine ausführliche Charakterisierung des E-Book-Marktes.

2.1 Der Buchmarkt allgemein

Der deutsche Buchmarkt erwirtschaftete laut *Börsenverein des deutschen Buchhandels*[5] im Jahr 2011 rund 9,6 Milliarden Euro, ein Minus von 1,4 Prozent im Vergleich zum Vorjahr (Börsenverein, 2012a, S. 5). 2012 stagnierte der **Branchenumsatz** auf dem Vorjahreswert (PricewaterhouseCoopers, 2012). Betrachtet man die Umsatzentwicklung über die letzten fünf Jahre kann man von einem stagnierenden Markt sprechen, der sich bei einem Branchenumsatz von circa 9,5 Milliarden Euro eingependelt hat. Eine Studie von *PricewaterhouseCoopers* (PwC) geht auch für 2013 bis 2015 von diesem Umsatzniveau aus (PwC, 2010, S. 53).

Umsatzstärkste Warengruppe im Jahr 2011 ist die Belletristik mit einem Anteil von knapp 35 Prozent, gefolgt von den Kinder- und Jugendbüchern (15,7 Prozent), die das Genre der Ratgeber (13,6 Prozent) erneut auf Platz drei verweisen (Börsenverein, 2012a, S. 11). Die belletristischen Titel landen ebenfalls auf Platz eins, wenn die Anzahl der **Novitäten** betrachtet wird. 18,5 Prozent der knapp 82.000 Erstauflagen verbucht die Warengruppe 2011 für sich (ebd., S. 73f). Mit Neuauflagen kommt der Markt

---

[5] Im Folgenden als *Börsenverein* bezeichnet.

sogar auf mehr als 96.000 Neuerscheinungen und kratzt an der Rekordmarke des Jahres 2007 mit knapp 96.500 Titeln (ebd.).

Im intermedialen Kampf um **Rezipientenaufmerksamkeit** steht es angesichts der starken Konkurrenz nicht gut um das Buch. Einer *ARD-ZDF*-Online-Studie zufolge rangiert das Buch mit 22 Minuten pro Tag auf Platz sechs hinter der Zeitschrift (ARD-ZDF, 2012). Unangefochtener Spitzenreiter ist das Fernsehen mit 242 Minuten, gefolgt von Hörfunk (191 Minuten) und Internet (83 Minuten) (ebd.). Auch andere Erhebungen zeigen, dass das rezipientenseitig zur Verfügung stehende Zeitbudget des Medienkonsums zu Ungunsten der traditionellen Medien umverteilt und der Substitutionswettbewerb zwischen print- und datennetzbasierten Produktangeboten weiter zunehmen wird (Schulze, 2005, S. 64; Wirtz, 2006, S. 39).

2.2 Der digitale Buchmarkt

Es folgt ein Überblick der Kennzahlen des digitalen Marktes. Dabei erhalten Formate und Lesegeräte besondere Aufmerksamkeit, da diese von zentraler Bedeutung für die Entwicklung angereicherter E-Books sind. Weiterhin werden wachstumsbedingende sowie -hemmende Faktoren des E-Book-Marktes analysiert.

2.2.1 Kennzahlen und Charakteristika

„Die Stunde Null des E-Books erleben wir in diesem Jahr", prognostizierte Alexander Skipis, der Hauptgeschäftsführer des *Börsenvereins*, für 2011 (börsenblatt.net, 2011, 14. März). Diese maßgebliche Entwicklung schlage sich zwar noch nicht in der Umsatzrelevanz nieder, aber der Markt fange an, „Fuß zu fassen" und „sich zu formieren" (ebd.).

Auch wenn der **Umsatzanteil** der E-Books mit zwei Prozent am gesamten Buchmarkt 2012 noch relativ klein war (Buchreport, 2013, 08. Februar), entwickelte er sich dynamisch und das digitale Volumen hat sich seit 2010 mit 0,5 Prozent und 2011 mit einem Prozent jährlich verdoppelt (Börsenverein, 2012, S. 22). Die Anzahl der kostenpflichtig heruntergeladenen E-Books stieg damit von 4,9 Mio. in 2011 auf 12,3 Mio. in 2012 an (Buchreport, 2013, 08. Februar). Wichtig an dieser Stelle zu erwähnen sind sowohl die Anzahl der kostenlosen Downloads von circa 3,2 Millionen Buchdateien im ersten Halbjahr 2012 als auch die illegalen Downloadangebote auf Piraterie-Netzseiten, welche sich nicht in den Umsatzstatistiken niederschlagen (ebd.). Vorreiter des E-Book-Umsatzes ist der Wissenschaftssektor. Bereits 2009 gingen Verlage innerhalb der Warengruppe von einem Marktanteil von bis zu zehn Prozent aus (PwC, 2010, S. 24) und für 2012 wurden über 50 Prozent proklamiert (Roesler-Graichen, 2012, S. 9). Meldungen wie die der Onlineplattform *ebook.de* bzw. *libri.de*, 2012 seien erstmals mehr digitale als gedruckte Titel verkauft worden, lassen erahnen, wo die Reise der E-Books hinführen kann (Buchreport, 2013, 01. Februar). Nach Angaben des Marktforschungsunternehmens *MediaControl* hat das Wachstum der E-Books in 2012 sogar das Minus im Geschäft mit gedruckten Büchern kompensiert (Buchreport, 2013, 08. Februar). Eine E-Book-Studie des *Börsenvereins* von 2012 zeigt auf: Verlage gehen davon aus, dass der digitale Sektor starkes **Wachstumspotential** beherbergt und bis 2015 bereits einen Umsatzanteil von 17 Prozent am Gesamtmarkt erreichen kann (Börsenverein, 2012b, S. 26). *PwC* zufolge sollen die Umsätze mit elektronischen Büchern „allein im Belletristik-Segment bis 2016 um durchschnittlich 68 Prozent jährlich steigen" und somit dann „rund 13 Prozent des gesamten Belletristik-Marktes ausmachen" (PwC, 2013). *PwC* verkündet außerdem: „Obwohl E-Books derzeit noch einen geringen Anteil am Buchmarkt ausmachen, haben sie das Potenzial, die Lesegewohnheiten in der Zukunft grundlegend zu verändern" (ebd.).

Im Gesamtmarkt war die Anzahl der **verfügbaren E-Book-Titel** 2010 im internationalen Vergleich noch sehr gering. Im Durchschnitt boten 437 vom *Börsenverein* befragte Verlage 186 Titel als E-Book an, die großen Verlage mit mehr als 51 Mitarbeitern sogar 574 Titel (Börsenverein, 2011, S. 12). Eine weitere Studie hat identifiziert, dass 2011 im Durchschnitt zwar 42 Prozent der Neuerscheinungen und 30 Prozent der Backlist auch als E-Book erhältlich waren, dennoch könne man Deutschland in Bezug auf das E-Book-Angebot laut *Börsenverein* weiterhin als „Schwellenland" bezeichnen (Börsenverein, 2012c). Die internationale Unternehmensberatung *AT Kearney* hat in einer Studie erhoben, dass 2012 über 120.000 deutschsprachige E-Titel verfügbar waren (Buchreport, 2013, 28. März).

Der **durchschnittliche Preis** der gekauften E-Books betrug *MediaControl* zufolge im Jahr 2012 8,61 Euro, womit die digitalen Bücher im Vergleich zum Vorjahr mit einem Durchschnittspreis von 9,56 Euro günstiger geworden sind (Buchreport, 2013, 08. Februar).[6] Während sich die digitalen Märkte in anderen Ländern aufgrund ausbleibender **Preisbindung** oft mit Preisschlachten konfrontiert sehen, schließt die Buchpreisbindung in Deutschland auch E-Books mit ein. Obwohl die Gesetzeslage für enriched E-Books nicht eindeutig definiert ist (siehe §2 Abs. 1 Nr. 3 BuchPrG), herrscht momentan

---

[6] Für weitere Ausführungen zur Preisgestaltung von E-Books im Vergleich zur Printausgabe oder zu anderen Ländern Vgl. Huck (2012).

ein Branchenkonsens vor, die Preisbindung auch auf angereicherte Buchprodukte zu übertragen (Hesse, Anhang C b., S. 111).[7]

2.2.2 Lesegeräte und Formate

Die Buchwissenschaftlerin Svenja Hagenhoff macht darauf aufmerksam, dass die Produktion von E-Books aus dem sekundären Medium Buch ein tertiäres macht (Hagenhoff, 2012, S. 227). Die Begründung liegt darin, dass Technologie im Printbereich lediglich für die Produktion von Büchern erforderlich sei (sekundäres Medium), bei E-Books jedoch auch in Form von Hard- und Software für die Rezeption notwendig sei (tertiäres Medium). Durch diese gegenseitige Bedingung von Inhalt und Endgerät wird das E-Book zum Systemgut (Beck, 2002, S. 320).[8]

Die aktuelle Zersplitterung in Geräte-, Lesesoftware- und Dateistandards hat sich für die Branche als einer der zentralen Hemmfaktoren für die Entwicklung des Absatzes der digitalen Inhalte erwiesen (siehe auch 2.2.3 und 6.2). Im Folgenden wird ein fokussierter Überblick über Lesegeräte und Formate gegeben, in dessen Verlauf bewusst auf die detaillierte Beschreibung genauer Funktionsweisen oder Technologien der Devices verzichtet wird. Näher eingegangen wird hingegen auf Multimedia-Formate wie EPUB 3 oder KF 8, welche von zentraler Bedeutung für die Entwicklung der enriched E-Books sind.

Als wichtige **Lesegeräte** sind neben den dezidiert zum Lesen von E-Books entwickelten E-Readern die multifunktionalen Tablets und weitere Endgeräte wie Smartphones, PDAs und Laptops/PCs zu nennen.[9]

E-Reader zeichnen sich besonders durch lange Akku-Laufzeiten und eine bessere Displayanzeige aus, die durch die E-Ink-Technologie[10] ein angenehmes Lesen – auch im Sonnenlicht – zulässt. Die Geräte verfügen über Funktionen wie Volltextsuche, Schriftgrößenanpassung, Markierungs- und Notizmöglichkeiten (PwC, 2010, S. 14). Die Wiedergabe von Audiodateien ist durch integrierte Audio-Player immer öfter möglich, die W-LAN-Funktion ist mittlerweile bei fast jedem Gerät Standard und die meisten Reader verfügen sogar über Browser (ebd.). Der größte Nachteil der E-Reader ist die Einschränkung der E-Ink-Displaytechnik auf Graustufen und die aus dieser Technologie resultierende Trägheit im Bildaufbau – was auch das Surfen im Netz nur be-

---

[7] Für einen Überblick über den europäischen E-Book-Markt Vgl. Buchreport (2013, 28. März), für den amerikanischen E-Book-Markt Vgl. Aptara (2012), für den globalen E-Book-Markt Vgl. Wischenbart (2011).
[8] Man spricht in diesem Zusammenhang von Netzwerkeffekten bei Systemprodukten.
[9] Für nähere Informationen bezüglich Geräteausstattung von Lesegeräten, Vor- und Nachteile oder Nutzerpräferenzen Vgl. PwC (2010) oder Kuhn & Bläsi (2011).
[10] Für nähere Informationen Vgl. Roesler-Graichen (2008b, S. 13f).

schränkt attraktiv macht (ebd., S. 16). Dies lässt die Geräte weitestgehend untauglich für Animationen werden. Es gibt zwar E-Reader mit Farbdisplay, wie z.b. den *Weltbild eBook Reader 3.0*, diese greifen jedoch momentan noch auf die LCD-Technik zurück, welche für längeres Lesen eher ungeeignet ist (Bruness, 2011, 05. Dezember). Ankündigungen wie die des ukrainischen Technikkonzerns *Pocketbook*, im Juni 2013 einen E-Ink-Reader mit Farbdisplay auf den Markt bringen zu wollen, lassen die Branche aufhorchen (boersenblatt.net, 2012, 09. November). Jüngste Meldungen bestätigen, dass der *PocketBook Color Lux* ab dem genannten Datum für 249 Euro im Handel erhältlich sein wird (Buchreport, 2013, 25. April). Der bereits erhältliche Reader *ECTACO JetBook Color* wartet zwar auch mit einer E-Ink-Farbtechnologie auf, kann allerdings durch ausbleibende Touchfunktion, einen zu hohen Preis und lange Ladezeiten nicht am Markt punkten (ebooks-lesen.net, 2012, 24. Juli).

Tablets, wie *Apples iPad* oder das *Amazon Kindle Fire HD*, haben einen höheren Funktionsumfang (z.b. Kamera, Standardbrowser, App-Store) als E-Reader und können mittels der LCD-Bildschirmtechnologie zeitbasierte Medien problemlos wiedergeben. Tablets sind aufgrund der vielseitigen Einsatzmöglichkeiten als Multifunktionsgeräte einzustufen. Doch da sie nicht primär auf das Lesen von Büchern ausgerichtet sind, können sie beim Vergleich mit E-Readern hinsichtlich Akku-Laufzeit und Lesefreundlichkeit nicht mithalten. Auch preislich liegen sie viel höher als die dezidierten Lesegeräte (PwC, 2010, S. 19).

PwC-Studienergebnisse prognostizieren bei beiden Devices steigende Absatzzahlen und zeigen auf, dass E-Reader vor allem Vielleser ansprechen, Tablets hingegen Marktführer auf dem Massenmarkt und eher von Gelegenheitslesern genutzt werden (ebd., S. 12). Die Studie postuliert weiterhin, dass beide Gerätekategorien am Markt bestehen können, sofern ein zentraler Erfolgsfaktor für die E-Reader bedacht wird: eine Funktionserweiterung und Aufrüstung mit Farbdisplays in Kombination mit einer Preisreduzierung (ebd.). Laut PwC-Prognose sollen 2015 zwölf Prozent der Bevölkerung ein Tablet besitzen und 2,5 Millionen E-Reader verkauft werden (ebd.). Da durch das Charakteristikum des Systemgutes davon ausgegangen werden kann, dass der Abverkauf der Reader mit dem der E-Books positiv korreliert und der Inhalte-Verkauf stark von der Durchdringung der Hardware abhängt, impliziert diese Entwicklung ein positives Wachstum des E-Book-Sektors.

Von einem Dschungel aus **E-Book-Formaten** sprechen nicht nur Leser, sondern auch Experten der Branche (siehe 6.2). Grob lassen sich die Datei-Formate in drei Kategorien unterteilen: Die beiden offenen Formate PDF und EPUB und die herstellerdefinierten und geräteabhängigen, sog. proprietären Formate, die an die Reader bzw. an die E-Book-Plattform der Hersteller gebunden sind.

Das offene, plattformunabhängige *Portable Document Format* (**PDF**) von *Adobe* ist im Allgemeinen ein statisches Format, bei dem der Inhalt wie in einem Buch angezeigt wird. Den Dokumentbausteinen Text, Bild und/oder Grafik werden feste Plätze zugewiesen, wodurch sie autark von Hard- oder Software stets gleich im Original-Erscheinungsbild wiedergegeben werden. Die feste Zahl an Seiten und der Vorzug, dass alle grafischen Informationen einer Quelldatei (z.B. *Word, Exel, InDesign*) übernommen werden können, macht das Format besonders für Fach- und Wissenschaftspublikationen interessant (Roesler-Graichen, 2008a, S. 32). Das PDF-Format ermöglicht die Anwendung diverser Funktionen (z.b. Lesezeichen, Markierungen) genauso wie deren Einschränkung (z.b. ausdrucken, sichern, kopieren), wodurch die Möglichkeit des *Digital Rights Managements*[11] gegeben ist (ebd.). Neuere Softwareversionen lassen nicht nur die Erstellung von flexiblen („reflowable") Textelementen sondern auch die Integration von Audio- und Videodateien sowie interaktiven Formularen zu (Matrisch & Welch, 2011, S. 65, 135).

Das *Electronic Publication Format* (**EPUB**) ist das bekannteste offene Format und wurde 2007 vom *International Digital Publishing Forum* entwickelt (IDPF, 2013). EPUB basiert wie andere E-Reader-Formate auf XML und erlaubt die dynamische Anpassung des Textes an das jeweilige Geräte-Layout bzw. an unterschiedliche Nutzerpräferenzen. EPUB soll dem Anspruch gerecht werden, ein einheitliches Werkzeug zum digitalen Publizieren bereitzustellen und einen ersten Ansatz leisten, ein branchenübergreifendes Standardformat zu etablieren. Ziel der Entwicklung dieses Standardformates ist es, der Zersplitterung in unterschiedliche und inkompatible E-Book-Formate entgegenzuwirken, um dem Nutzer elektronischer Publikationen den plattformunabhängigen und freien Zugang von Inhalten zu ermöglichen (Roesler-Graichen, 2008a, S. 34ff). Online-Journalist und Webexperte Tißler bezeichnet das EPUB-Format aufgrund dieser Bestrebung als das „mp3 des E-Books" (Tißler, 2010, S. 129). Ein PDF kann nachträglich in EPUB umgewandelt werden. Allerdings seien gemäß Görlich, einem Softwarespezialisten für Verlagsprodukte, oft manuelle Korrekturen nötig, da die automatische Konvertierung nicht alle Layouts und Besonderheiten richtig umsetzen könne (Görlich, 2012, S. 119).

Eine freie, plattformunabhängige Nutzung ist bei **proprietären Formaten** nicht der Fall. Viele Händler setzen mit eigenen, geräteabhängigen E-Book-Formaten darauf, die Kunden an ihre Lesegeräte zu binden und so deren Absatz zu fördern. Wird beispielsweise bei *Amazon* ein E-Book gekauft, ist dieses durch das proprietäre Format **Mobipocket** (ähnlich dem EPUB) nur auf den eigenen *Kindle*-Geräten lesbar – es entsteht ein geschlossenes System. Durch eine Software, die als Lese-App installiert wer-

---

[11] Für nähere Informationen Vgl. Börsenverein (2012b, S. 24), Hiller (2010, S. 44ff), PwC (2010, S. 37) oder Roesler-Graichen & Schild (2008, S. 29-36, 65-74).

den kann, wird das Lesen der Datei im proprietären Format auch auf anderen Plattformen wie z.B. *iOS (iPhone, iPad, Mac)*, *Android* oder *Windows* – nicht aber auf anderen Readern – möglich (Amazon, 2013). *Amazon* sorgt durch Importschnittstellen und eine Konvertierungsroutine dafür, EPUB-Dateien in eigene Formate umwandeln zu können (Drautz, 2012, 05. Oktober). Die meisten Experten teilen laut *PwC*-Studie die Meinung, dass proprietäre Systeme zwar wichtig seien, um den Markt anzukurbeln (PwC, 2010, S. 34). Mittelfristig führten solche Modelle jedoch zu Frustration und mangelnder Akzeptanz, „da die Konsumenten einer Beschränkung der Zugriffsmöglichkeiten kritisch gegenüberstehen" (ebd.).

Gemäß *Börsenverein* gehen 28 Prozent der Verlage davon aus, dass sich in Zukunft eines der Formate durchsetzen wird und sie sprechen mit 85 Prozent dem EPUB die größten Chancen zu (Börsenverein, 2012b, S. 38). 46 Prozent der Verlage glauben hingegen weiterhin an eine Vielzahl von parallel existierenden Formaten (ebd.). Das restliche Viertel kann dies nicht beurteilen bzw. ist sich unsicher (ebd.).

Da der dynamische Textumbruch für Werke mit vielen Bildern oder Tabellen große Nachteile mit sich bringt, hat *Apple* im Dezember 2010 das **Fixed Layout EPUB** eingeführt (eBook Architects, 2013). Das Format verhindert Layouteingriffe und unterbindet so die Möglichkeit des Lesers, z.B. auf den Schriftgrad bzw. den Seitenumbruch Einfluss zu nehmen (ebookrausch, 2013). Dadurch werden mehrspaltige Textelemente, doppelseitige Bilder und weitere Layoutfunktionen, die bei der dynamischen Anpassung des Textes nicht gegeben sind, anwendbar. Gleichzeitig bleiben die Fixed Layout E-Books in Bezug auf Interaktivität und anderen Features voll funktionsfähig und ermöglichen außerdem die Einbindung von Audio- und Videodateien (ebd.). Der Haken: Die Veröffentlichung dieses erweiterten EPUB-Formats ist nur im *Apple iBookstore* möglich (ebd.).

Mit **EPUB 3** ist Ende 2011 ein Update des bisherigen EPUB 2-Formates auf den Markt gekommen, welches u.a. den neuen technischen Möglichkeiten der multimedialen und interaktiven Anreicherung der E-Book-Dateien gerecht werden soll (IDPF, 2011, 11. Oktober). Die Einbindung von multimedialen Inhalten war mit der alten Formatversion nicht möglich. Der Journalist und Digital-Experte Mischa Drautz führt an, dass „frühere Epub-Versionen (...) mit Websites zu vergleichen [sind], die vor sechs bis acht Jahren üblich waren" (Drautz, 2012, 05. Oktober). Technisch unterstützt EPUB 3 die Darstellung in HTML 5, kann CSS (CSS 2.1 und CSS 3 sowie JavaScript in Teilen) nutzen und bietet erweiterte Layoutfunktionen (u.a. auch Fixed Layouts) (IDPF, 2011, 11. Oktober; le-tex, 2012, S. 3). Da JavaScript maßgeblich für die Realisation von interaktiven Features verantwortlich ist, dessen Einsatz bei EPUB 3 jedoch beschränkt ist, ist hier der entscheidende Grund zu identifizieren, warum auch das erweiterte EPUB-Format weiterhin Nachteile gegenüber App-Produkten hat – denn diese können JavaScript und somit interaktive Elemente vollständig bzw. uneingeschränkt nutzen (Matrisch, 2013, S. 10). Auch bei EPUB 3 ist die direkte Konvertierung aus Satzprogrammen (z.b. *Adobe InDesign*) möglich, dennoch häufen sich Görlich zufolge auch hier die manuell nötigen Korrekturen, da die Softwarelösungen den Standard noch nicht vollständig unterstützten (Görlich, 2012, S. 119).

Amazon antwortete auf die Entwicklung des EPUB 3 mit dem Mobipocket-Nachfolger *Kindle Format 8* (**KF 8**). KF 8 ist ebenfalls ein auf den Webtechnologien HTML 5 und CSS basierendes Format, hinkt dem EPUB 3 allerdings in einigen Features hinterher, da es HTML 5 nur in Teilen nutzen kann, lediglich auf CSS 2.1 fußt und JavaScript überhaupt nicht zum Einsatz kommt (Kämmerle, 2012, S. 5; le-tex, 2012, S. 3). Obwohl die Nutzung von Audio- und Videodateien mit Bekanntgabe des neuen Formates angekündigt wurde, sieht das Handling der Datei in der Realität noch anders aus: Bei der Produktion können Multimediainhalte zwar in KF 8 eingebunden werden, doch derzeit „sind ausschließlich die *Kindle*-Apps für *iOS* und *Android* in der Lage, diese auch abzuspielen" (e-book-corner.blogspot.de, 2013, 25. März). Andere *Kindle*-Apps sowie die *Kindle Fire*-Geräte können Audio und Video nicht wiedergeben (ebd.). Ende März 2013 werden erste Meldungen in der Branche laut, *Amazon* wolle ein Software-Update für das *Kindle Fire HD* und die zweite Generation des *Kindle Fire* zur Verfügung stellen, durch welches eine Nachrüstung zur Unterstützung von Audio- und Videodateien gegeben sein soll (ebd.).

Das ***iBooks***-Format ist das Ausgabeformat der kostenlosen *Apple*-Software *iBooks Author* (*iBA*) und integriert Funktionen zur multimedialen und interaktiven Anreicherung. Mit *iBA* (Release Januar 2012) ließen sich enriched E-Books *Apple* zufolge nicht nur intuitiv und ohne Technikwissen erstellen, sondern auch direkt in den *iBookstore* uploaden und vertreiben (Apple, 2013). *Apple* bietet eine Vielzahl von Layoutvorlagen, die sich mit wenigen Tastenkombinationen um Filme, Präsentationen, dreidimensionale Objekte und Widgets[12] ergänzen lassen (Buchreport, 2012, 12. November). Görlich weißt darauf hin, dass das Lizenzmodell der Software den ausschließlichen Vertrieb der im Programm erstellten Bücher über den *iBookstore* vorschreibt (Görlich, 2012, S. 138). Der Journalist und IT-Experte Andreas Donath akzentuiert, dass *Apple* bei der Vorstellung der Vertriebsplattform *iBooks* Anfang 2010 noch ausdrücklich erklärte, den EPUB-Standard einhalten zu wollen (Donath, 2012, 24. Januar). Die Bücher der *iBA* 2-Version (Release Oktober 2012) seien jedoch nicht mehr mit dem offenen EPUB-Standard kompatibel und ließen sich auch nicht korrekt mit einer EPUB-Lese-Software rezipieren (ebd.). Der Experte legt weiterhin das Problem offen, dass es auch anders

---

[12] Ausführliche Erläuterungen zum Thema Widget siehe 5.2.2.

herum nicht funktioniere. Mangels Importmechanismus könnten in *iBA* keine Bücher im EPUB-Format geöffnet oder in das proprietäre *Apple*-Format umgewandelt werden (ebd.) Über die *iBooks*-Anwendung sei das Starten von EPUB-Dateien dennoch möglich (ebd.). Für Donath ist jedoch klar: Die fehlende Standardkonformität zwischen der Autorensoftware und EPUB sorge dafür, dass immer mehr elektronische Bücher entwickelt werden, die nur auf *Apple*-Geräten, nicht aber auf anderen Plattformen geöffnet werden können (ebd.).[13]

So positiv die Entwicklung der aktuellen Formatgeneration scheint, bringt sie dennoch erhebliche **Probleme** mit sich. Die meisten Geräte- und Leseapplikationen können angereicherte Dateien nicht oder nur in bestimmten Teilen lesen (Drautz 2012, 05. Oktober). Dabei ist immer im Hinterkopf zu behalten, dass die neuen Formate nicht nur hinsichtlich der Multimediainhalte, sondern auch in Bezug auf die Funktionalität und Interaktivität erweitert werden können. Drautz nennt als passenden Vergleich für dieses Problem den Versuch, ein neues Computerspiel auf einem alten PC spielen zu wollen – viele der Funktionen oder Animationen können nicht angezeigt werden (ebd.). Die *EPUB 3 Support Grid* der *Book Industry Study Group* gibt einen Überblick, welche EPUB 3-Features von welchen Endgeräten aktuell umgesetzt werden können (Weber, 2012, 26. November). *Apple*-Geräte mit *iOS* zeigen keine Probleme bei der Nutzung der neuen Formate, bei anderen Devices kommt es sowohl auf deren Software als auch auf die Lese-App an. Softwares, die EPUB 3 unterstützen, sind neben *iBooks* auch *Readium (Google* mit *Chrome), Azardi (Windows, Mac OS* und *Linux Desktop)* oder *Gyan Reader (Android*-Geräte) (e-book-corner.blogspot.de, 2012, 31. Oktober).

Eine besondere Aufgabe kommt den neuen, erweiterten Formaten vor allem deshalb zu, da sie den Verlagen durch die nun möglichen multimedialen und interaktiven Features eine Alternative zur teuren **App** bieten – auch wenn diese durch die vollständige Nutzung von JavaScript weiterhin mehr interaktive Features bieten kann. Der große Vorteil der App ist es zwar, dass sie als selbst ausführende Datei (Software) im Gegensatz zu den E-Book-Formaten keine Darstellungssoftware benötigt (Matrisch & Welch, 2011, S. 14). Doch die Produktionskosten einer App sind immens hoch und ohne Fachwissen oft nicht leistbar. Die Kosten für eine Buch-App variieren *Buchmarkt* zufolge zwischen 3.000 und 10.000 Euro, können aber auch je nach Ausmaß mit 50.000 Euro oder mehr zu Buche schlagen (Buchmarkt, 2010, 23. Dezember). Weiterhin haben Buch-Apps im unübersichtlichen App-Store bisher keine eigene Kategorie

---

[13] Kurz auf *Apples* Software folgte der Launch von *Vook* (Wortschöpfung aus Video und E-Book) des Internetunternehmers Bradley Inman. Die gleichnamige New Yorker Firma wurde bereits Ende 2009 als Verlag gelauncht und entwickelte sich zu einem Dienstleister für die Anreicherung von E-Books. Die Software gilt ebenfalls als intuitiv und leicht zu bedienen und ist im Gegensatz zum *Apple*-gebundenen *iBooks Author* an drei Verkaufsplattformen angeschlossen, kostet allerdings eine Gebühr (Buchreport, 2012, 29. März).

und stehen in einem besonders scharfen Pricing-Wettbewerb zu anderen Genres wie Spielen, die kostenlos oder für ein bis zwei Euro angeboten werden (Buchreport 2011, 13. Oktober). Dies erschwert die Durchsetzung eines angemessenen Preises, wodurch die Entwicklungs- und Produktionskosten nur mühsam wieder einzuspielen sind (smartdigits, 2012). Doch laut Fachpresse nutzen Verlage die App als „nicht preisgebundene Version [des E-Books], um mit Einführungspreisen zu experimentieren" (Buchmarkt 2010, 23. Dezember).[14]

Weiterhin sind an dieser Stelle noch die sog. *Web-Books* zu nennen. Diese basieren auf HTML und sind ebenfalls softwareunabhängig rezipierbar, da sie über einen Internet-Browser geöffnet werden. Web-Books können jedoch nur online gelesen werden (Buchmarkt 2013, 26. April).

2.2.3 Wachstumshemmende Faktoren und Markttreiber

Für die zähe Entwicklung des E-Book-Marktes, insbesondere in Bezug auf die Anzahl der digital bereitgestellten Bücher, gibt es auf Verlagsseite vor allem zwei zentrale wachstumshemmende Faktoren: die Kostenseite und der rechtliche Aspekt.

Fällt das gedruckte Buch aufgrund seiner meritorischen Eigenschaft unter den ermäßigten Steuersatz von sieben Prozent, werden für digitale Erzeugnisse wie das E-Book hingegen 19 Prozent erhoben.[15] Branchenvertreter pochen indes auf die Ausweitung des ermäßigten Steuersatzes auf E-Books, denn dies könnte die Attraktivität des digitalen Geschäfts für Verlage erhöhen und dem Wachstum einen Schub verpassen (Buchreport, 2013, 22. Januar).[16]

Betrachtet man die Produktionskosten eines E-Books erscheint das Argument der Kunden, die digitalisierte Ausgabe sei in der Herstellung billiger als die Printausgabe und somit auch zu einem geringeren Preis abzugeben, auf den ersten Blick plausibel: Die Kosten von Produktion, Vertrieb und Abrechnung liegen beim E-Book im Schnitt bei knapp neun Prozent des Nettoladenpreises, beim gedruckten Exemplar aufgrund der Lagerhaltungs- und höheren Abrechnungskosten allerdings bei 32 Prozent (PwC, 2010, S. 27). Doch auf den zweiten Blick kommen durch die Digitalisierung auch neue Kosten auf die Verlage zu, die für die Leser nicht gleich ersichtlich sind. Neben einem

---

[14] Eine Einschätzung der App in Bezug auf enriched E-Books ist im Anhang D zu finden.
[15] Trägergebundene Medien wie Hörbücher oder digitale Bücher auf CD/CD-ROM fallen seit Mai 2009 ebenfalls unter den ermäßigten Steuersatz (PwC, 2010, S. 26).
[16] Jüngste Ereignisse schieben der Senkung der E-Book-Steuersatzes einen Riegel vor: Seit Frankreich und Luxemburg Anfang 2012 den ermäßigten Steuersatz auf E-Books ausgeweitet haben, will die Europäische Union dieses Vorgehen ahnden. Die EU-Kommission kündigte im Februar 2013 an, Frankreich vor dem Europäischen Gerichtshof zu verklagen. Hintergrund: Die großen E-Book-Händler wie *Amazon, Sony, Kobo* und *Apple* melden ihren Shop-Sitz in Luxemburg an und umgehen so die Zahlung des regulären Mehrwertsteuersatzes im Absatzland (Buchreport, 2013, 20. Februar).

höheren Autorenhonorar als bei der gedruckten Ausgabe fallen bei der Digitalisierung neue Kosten an: Hohe Anfangsinvestitionen für den Aufbau und den Betrieb von Content Management Systemen (siehe 3.3) und die Verwaltung des E-Books (Formatkonvertierung, Indexierung, Erzeugungsvorgang, Pflege der Metadaten, etc.) (ebd., S. 28).

Auf der rechtlichen Seite stellt sich das Problem, dass Verlage für ältere Bücher schlichtweg kein digitales Vermarktungsrecht besitzen. Der Gesetzgeber hat (durch den sog. 2. Korb der Urheberrechtsnovellierung) eine Rechtssicherheit geschaffen, welche seit dem 1. Januar 2008 die explizite „Einräumung von Nutzungsrechten für noch nicht bekannte Nutzungsarten (wie E-Books)" verlangt (ebd., S. 21). Eine nachträgliche Einräumung der Nutzungsrechte ist zwar möglich, dies stellt sich jedoch oftmals als zeitlich und finanziell sehr aufwendiger Prozess dar.

Auch auf Konsumentenseite lassen sich wichtige Markttreiber identifizieren: In einer Umfrage von Kuhn und Bläsi geben 67 Prozent der Befragten ein breiteres Angebot an Titeln, 55 Prozent ein niedrigeren Preis der E-Books und 36 Prozent die Standardisierung oder Kompatibilität der Formate bezüglich der Bedingung für stärkere Nutzung mobiler Lesegeräte an (Kuhn & Bläsi, 2011, S. 589). Eine *PwC*-Studie hat durch Experteninterviews ähnliche Markttreiber für E-Books und E-Reader diagnostiziert (siehe Abb. 1).

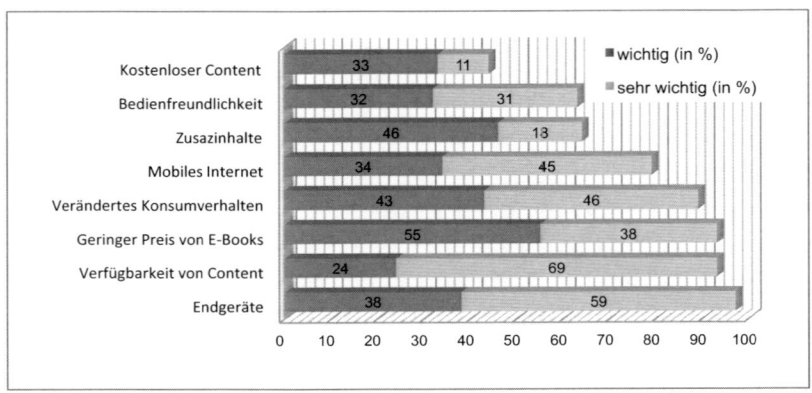

Abb. 1: Markttreiber für E-Books und E-Reader
(Quelle: PwC, 2010, S. 33)

2.3 Zwischenfazit

Die obige Analyse verdeutlicht, dass der Buchmarkt eine etablierte, traditionelle Branche ist und konstante Umsatzzahlen eines reifen Marktes aufweist. Doch gleichzeitig werden Zeichen einer Dynamik sichtbar, dass das traditionelle Stammprodukt Buch unter erheblichem Innovationsdruck steht. So konstatiert der Chefredakteur von *Buchreport* Thomas Wilking:

> *„Der* Buchmarkt ist Fiktion, weil er sich auf Produktebene nur noch teilweise vom namensgebenden Medienformat definieren lässt und weil sich damit auch Prozesse und Vertriebsformen verändern"* (Wilking, 2009, S. 27).

Auch wenn der E-Book-Sektor momentan noch keine große Rolle im Gesamtmarkt spielt, können neben den positiven Wachstumsprognosen weitere Faktoren identifizieren, die auf eine Etablierung des E-Books hindeuten. Vergleicht man die Markttreiber aus Kundensicht, die ein positives Wachstum des E-Book-Segmentes bedingen würden, mit den aktuellen Marktentwicklungen, werden große Überschneidungen erkennbar. Die Preise der Lesegeräte fallen, während ihr Funktionsumfang und Bedienkomfort kontinuierlich ansteigt (PwC, 2010, S. 23). Beherbergen Tablets schon lange die Fähigkeit multimediale, farbige Inhalte wiederzugeben, erweitern auch E-Reader ihre Funktionalität, besonders hinsichtlich farbiger Displays. Die Preisentwicklung der E-Books zeigt, dass die digitalen Bücher im Durchschnitt billiger werden. Gleichzeitig werden immer mehr Titel auch digital angeboten und die Branche bemüht sich, einen einheitlichen Format-Standard durchzusetzen. Gleichzeitig sorgen Anbieter wie *Amazon* oder *Apple* durch proprietäre Systeme weiterhin für eine Fragmentierung der Format-Landschaft. Auch wenn es mit den neuen Formaten wie EPUB 3 noch Kompatibilitätsprobleme mit den Readern, aber auch teils mit Tablets und deren Lesesoftwares gibt, hat die Branche durch die Entwicklung von Multimedia-Formaten mit erweitertem Funktionsumfang und neuen Features einen wichtigen, vorausschauenden Schritt gemacht. Durch die Formate können zeitgerechte Angebote entwickelt werden, die dem Substitutionswettbewerb zwischen print- und datennetzbasierten Produkten entgegenwirken können. Jetzt liegt es an der Reaktionsgeschwindigkeit der Endgerätehersteller bzw. Softwareproduzenten, den Weg für die Lesbarkeit und Etablierung der neuen Formate zu ebnen. Diese Verquickung der Akteure im Systemgeschäft verdeutlicht die Dringlichkeit einer proaktiven Zusammenarbeit im digitalen Transformationsprozess.

Weiterhin wurde aufgezeigt, dass sich das E-Book-Geschäft für die Verlage, die das Thema ernsthaft und entschlossen angegangen sind, bereits zu einer veritablen Erlösquelle entwickelt hat. Dennoch führte die einfache Übertragung des Print-Geschäftsmodells auf die digitalen Produkte bisher nicht zu dem gewünschten Ergebnis. Der Leser fordert einen Mehrwert im Gegensatz zur Printausgabe, damit er einen entsprechenden Preis zu zahlen bereit ist. Die Verlage befinden sich in einem Spannungsfeld zwischen der einfachen Zweitverwertung des Contents in einem neuen Medienformat und der Weiterentwicklung hin zu neuen Produktvarianten.

3. Theoretische Grundlagen

Dieser Abschnitt greift wirtschafts- und medienwissenschaftliche Theorien auf, die für die Marktsituation der enriched E-Books und deren Wertschöpfung relevant sind. Nach der Erklärung wichtiger Fachtermini und einem Einblick in strategische Unternehmensführung schließt der Abschnitt mit Erläuterungen zum Content Management. Das ökonomische Konzept der Mehrfachnutzung von Medien- bzw. Buchinhalten erhält dabei besondere Aufmerksamkeit.

3.1 Definition zentraler Begriffe

Das enriched E-Book betreffend sind die Begriffe Multimedia und Interaktivität von zentraler Bedeutung und sollen kurz erläutert werden:

Der Publizist Jürgen Wilke definiert **Multimedia** als „Konvergenz verschiedener Informations- und Kommunikationstechniken (IuK), die Integration von Sprache, Text, Video, Audio" mit Elementen aus der Telekommunikation, Unterhaltungselektronik und Computertechnik (Wilke, 1997, S. 751). Im Laufe der Zeit kam es u.a. durch die Einschränkung der Buchwissenschaftlerin Ursula Rautenberg dazu, dass nur die Kombination statischer Elemente wie Text, Standbild oder Grafik mit zeitbasierten wie Video- oder Audiosignalen als Multimedia bezeichnet wird (Rautenberg, 2003, S. 359). Die Komposition verschiedener Medien bezeichnet Rautenbergs Kollege Volker Titel als sog. **Hybridmedien** (Titel, 2006, S. 120). Ferner ist eine Abgrenzung der Multimedialität zur **Intermedialität** sinnvoll: Unter Intermedialität wird „das Beziehungsgefüge zwischen Medien" verstanden und der Begriff beschreibt sowohl das Zusammenspiel als auch die Wechselwirkung zwischen Medien (Stiegler, 2005, S. 114). Die Intermedialitätsforschung betrachtet den Transformationsprozess der Überführung von einem Medium in ein anderes und zielt gemäß Stiegler „darauf ab, im konzeptionellen Miteinander die mediale Verschiedenheit der gekoppelten Zeichensysteme herauszuarbeiten" (ebd., S. 115).[17]

Der Begriff **Interaktivität** definiert im Allgemeinen wechselseitige menschliche Beziehungen sowie Kommunikation durch Medien (Goertz, 2004, S. 98). Interaktivität schließt auch die Beziehung zwischen Text und Leser ein und ist Synonym für die Eigenschaft einer Datei oder Software, dem Benutzer diverse Steuerungs- und Eingriffsmöglichkeiten zu gewähren, wodurch die Auswahl und Darstellung von Information manipuliert werden kann (Kaiser, 2006, S. 142). Durch Interaktivität wird das Aufbrechen der linearen Struktur eines E-Books möglich und die Option zur nicht-

---

[17] Für nähere Erläuterungen zum Thema Intermedialität Vgl. Rajewsky (2002).

linearen Exploration des Inhalts nach individuellen Nutzerbedürfnissen besteht; aus einem passiven Leser wird ein aktiver Nutzer.[18] Strzbkowski unterstellt der Interaktivität die Fähigkeit, nicht nur eine verstärkte Motivation des Rezipienten hervorzubringen, sondern auch ein „intensiveres emotionales Involvement und eine tiefere Elaboration im Vergleich zur passiven und rezeptiven Informationsaufnahme" zu bewirken (Strzbkowski, 2001, S. 138). Der Psychologie-Professor Johannes Haack sieht den Begriff Interaktivität in einem „inflationären Gebrauch", da „inzwischen fast jedes neu auf den Markt gebrachte Softwareprodukt" mit dem Attribut interaktiv versehen werde, „unabhängig davon, wie differenziert die Eingriffs- und Entscheidungsspielräume des Nutzers sind" (Haack, 2002, S. 127).

3.2 Strategisches Buchmanagement

Bei der Markteinführung neuer oder differenzierter Buchprodukte müssen grundlegende Entscheidungen getroffen werden, die sich mittel- und langfristig auf die Ziele und Aktivitäten eines Verlages auswirken.

Für die generelle Entscheidungsfindung, ob ein Markteintritt als sinnvoll erachtet wird, können der Unternehmensführung in Anlehnung an Wirtz u.a. zwei dominierende Strategieparadigmen zugrunde liegen: der *market-based View* und der *ressourced-based View* (Wirtz, 2006, S. 80). Beim marked-based View (marktorientierte Sichtweise) verfolgt das Unternehmen eine Outside-in-Perspektive und sieht Erfolg als Funktion fundamentaler Branchencharakteristika an. Das Handeln wird an Marktstrukturen wie Wettbewerbsintensität oder potentiellen Zielgruppen ausgerichtet (ebd.). Beim ressourced-based View (ressourcenorientierte Sichtweise) hingegen entscheidet das unternehmensinterne Potential und die Qualität und Allokation der Ressourcen über einen dauerhaften Erfolg und das Unternehmen nimmt eine Inside-out-Perspektive ein (ebd.).

Neben der Frage *ob* ein Verlag in den Markt eintritt, muss auch geklärt werden *wann* dieser Markteintritt stattfinden soll. Eine **Timing-Strategie** sollte sorgsam aufgrund ihrer Vor- und Nachteile abgewägt werden. Als Grundtypen der Timing-Strategien werden die Pionier- sowie die frühe und späte Folgerstrategie unterschieden (Meffert, Burmann & Kirchgeorg, 2012, S. 287). Pioniere treten als erste Anbieter in den Markt ein. Den Chancen, frühzeitig Markt-Know-how zu entwickeln und wichtige Umsatzanteile zu generieren (sowie weitere monopolartige Vorteile) stehen laut Meffert et al. starke Risiken wie Kosten der Markterschließung (Überzeugungsaufwand) und eine

---

[18] Medienforscher setzen an diesem Punkt oft zur Diskussion an, ob durch Interaktivität das lineare, vom Sender zum Empfänger kommunizierende Paradigma der Massenkommunikation aufgehoben wird.

hohe Ungewissheit über die Nachfrageentwicklung gegenüber (ebd., S. 436). Frühe Folger treten kurz nach dem Pionier in den Markt ein und profitieren durch die Fehler und die bereits geleistete Markterschließung des Pioniers von einem Lerneffekt (ebd.). Der späte Folger vollzieht den Markteintritt erst nach dem sog. Trade-Off, „nachdem ein Erfolg der ersten Anbieter im Sinne eines sich deutlich beschleunigenden Marktwachstums zu erkennen ist" (ebd., S. 286).

Wird ein Produkt neu eingeführt, durchläuft es idealtypisch nach der Einführungsphase, in welcher die Kosten durch die vorangehende Entwicklungsphase meist die Erlöse übersteigen, eine Wachstums- und Reifephase und befindet sich nach der Sättigungs- in der Endphase des Lebenszykluses: der Degenerationsphase (ebd., S. 69). Wirtz zeigt auf, dass ein Buch diese Perioden mit sehr unterschiedlichen Schnelligkeiten und Dynamiken durchlaufen (Bsp.: Bestseller) oder seinen **Lebenszyklus** durch die Entwicklung hin zum allgemeinen Longseller (Bsp.: wissenschaftliches Standardwerk) verlängern kann (Wirtz, 2006, S. 242) (siehe Abb. 2).

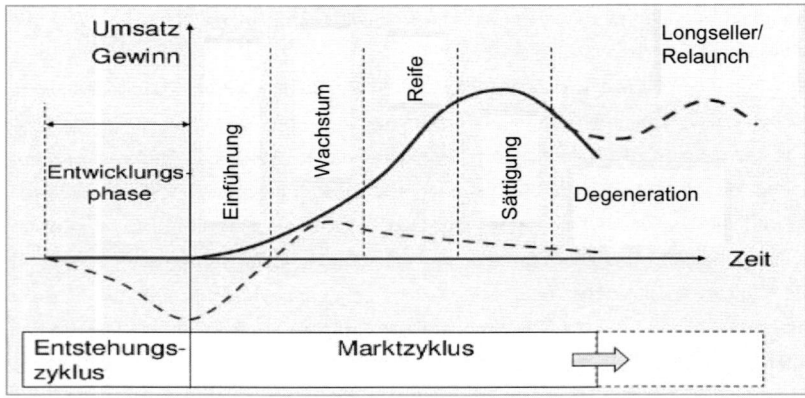

Abb. 2: Produktlebenszyklus
(Quelle: Abgeänderte Darstellung in Anlehnung an
Landesakademie für Fortbildung und Personalentwicklung an Schulen)

Um die funktionale Strukturierung der innerbetrieblichen Abläufe zu gewährleisten, hilft das Konzept der **Wertschöpfungskette** (Wirtz & Pelz, 2006, S. 268). Über die Jahre haben sich die Wertschöpfungskette nach Porter aus den 1980er Jahren und die spezifisch auf die Medienökonomie und die jeweiligen Teilbranchen angepassten Modelle von Wirtz etabliert. Porter differenziert im Gegensatz zu Wirtz zwischen primären Wertschöpfungsaktivitäten (z.B. Eingangslogistik), die für die physische Produktion verantwortlich sind, und unterstützenden Aktivitäten (z.B. Infrastruktur, Personalmanagement), welche die Weiterentwicklung und Aufrechterhaltung der primären Aktivitäten zum Ziel haben (Wirtz, 2006, S. 52). Wirtz unterscheidet im Buchsektor die

Wertschöpfungsstufen Beschaffung der Inhalte, Redaktion/Lektorat, Lizenz- und Rechtehandel, Print und Distribution (ebd. S. 54). Derzeit ist der Prozess zu beobachten, dass die Digitalisierung diese traditionellen Wertschöpfungsketten auflöst. Die eingesessene mediengebundene Denkweise steht zur Disposition, was neue Berührungsfelder mit anderen Branchen und Teilmärkten der Medienindustrie entstehen lässt und die Möglichkeit oder aber den Zwang hervorbringt, verbundene Wertschöpfungsstufen zu rekombinieren und neu zusammenzuführen (Schuster & Weiß, 2001, S. 109).[19] Auch die Disintermediation (d.h. der Wegfall) einzelner Wertschöpfungsstufen ist im Zuge der Digitalisierung zu nennen (Janello, 2010, S. 70ff). Um mehrere Stufen des Produktionsprozesses zu besetzen, verfolgen viele Branchenteilnehmer (vertikale) Integrationsstrategien entlang der Wertschöpfungskette: Verlage kaufen oder gründen z.b. eigene Druckereien (Vorwärtsintegration) oder ein Dienstleister wie z.b. *Amazon* wird selbst zum Verleger (Rückwärtsintegration).

Innerhalb des Wertschöpfungsprozesses gehört die Content-Produktion zu einer der zentralen Aufgaben des Verlagsmanagements. Als zentrale **Einflussfaktoren für die Content-Produktion** lassen sich in Anlehnung an Wirtz neben dem Produktionsprozess (Konzept, Auswahl, Produktion i.e.S. und Vervielfältigung/Produktion) vor allem materielle und personelle Ressourcen sowie Kosten, die im Medienbereich oft aus einem hohen Fixkostenanteil bestehen, identifizieren (Wirtz, 2006, S. 96).

Vor der eigentlichen Produktion muss ein Unternehmen eine **Make-or-buy-Entscheidung** treffen und festlegen, ob das Produkt in Eigen- oder Fremdproduktion hergestellt werden soll (ebd., S. 97). Weiterhin können Verlage auch **Kooperationsstrategien** anwenden oder Strategische Allianzen gründen. Alle Taktiken können sowohl Vorteile (wie ein geringeres Kostenrisiko und die Vermeidung von Sunk-Costs) als auch Nachteile (wie ein Know-how-Verlust oder mangelnde Qualitätskontrolle) mit sich bringen (ebd., S. 98). Diese strategischen Entscheidungen können auch auf einzelne Produktions-Teilschritte angewendet werden.

Eng verbunden mit dem Konzept der Wertkette, doch darüber hinausgehend, ist die Abbildung des **Geschäftsmodells**. Dieses ist nicht nur an einen physischen Produktionsprozess gebunden, sondern schließt Dienstleistungen und andere involvierte Akteure ebenso ein wie die Geschäftsstrategie eines Unternehmens (ebd., S. 67). Abbildung 3 stellt ein integriertes Geschäftsmodell und seine Partialmodelle dar.[20]

---

[19] Für detaillierte Erläuterungen zu konvergenzorientierten Geschäftsmodellen Vgl. Keuper & Hans (2006, S. 406-412).
[20] Für detaillierte Erläuterungen der Partialmodelle Vgl. Wirtz (2006, S. 67ff.).

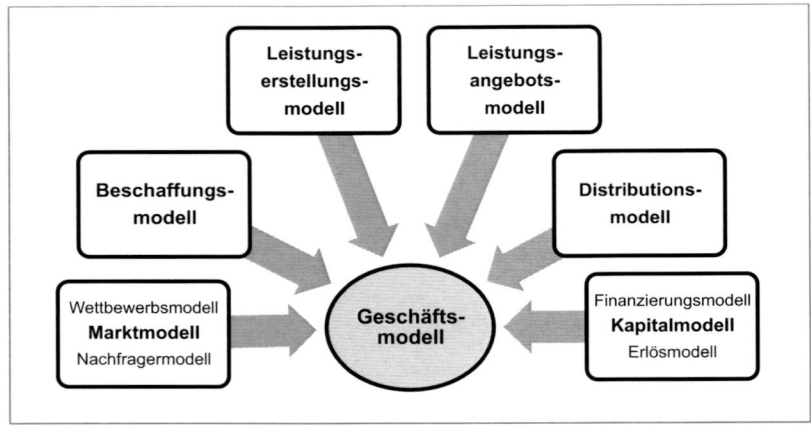

Abb. 3: Partialmodelle eines Geschäftsmodells
(Quelle: Eigene Darstellung in Anlehnung an Wirtz, 2006, S. 68)

3.3 Content Management und Mehrfachnutzung von Medieninhalten

Durch die Digitalisierung und Vernetzung von Medien wird die ehemals feste Bindung von Inhalt an ein Medium aufgebrochen und für deren Desintegration gesorgt. Dadurch werden „Medienunternehmen vor neue Herausforderungen hinsichtlich Effizienz und Effektivität" gestellt (Hass, 2006, S. 377). Um diesen Herausforderungen erfolgreich zu begegnen, bedarf es einer neutralen, medienübergreifenden Bereitstellung der Inhalte: dem **Content Management** (CM).

Der Manager und Ökonom Berthold Hass sieht durch CM die Möglichkeit gegeben, neben der Erstellung und Redaktion besonders die Verwaltung und Distribution von Inhalten durch eine stringente Informations- und Kommunikationstechnik zu verbessern und somit einen höheren Automatisierungsgrad in der Inhalteproduktion herbeizuführen (ebd., S. 381). Voraussetzung für ein erfolgreiches CM ist die Trennung von Inhalt, Struktur und Layout. Für die technische Realisation sind Content Management Systeme zuständig (Titel, 2007, S. 202).

Aufgrund ihrer Eigenschaft der Nicht-Rivalität im Konsum lassen sich Medieninhalte mittels CM mehrfach verwenden. Durch die Nutzung von Synergie- und Kosteneinsparungspotentialen im Bereich der Produktion entsteht eine **Effizienzsteigerung** (sog. Economies of Scope bzw. Verbundeffekte). Dennoch sind der Mehrfachnutzung und dem Kosteneinsparungspotential Schranken gesetzt, da man den Content nicht immer 1:1 übertragen kann (Hass, 2006, S. 383). Durch eine medienspezifische Anpassung entstehen neue Kosten (siehe 2.2.3), denn die Inhalte müssen oft an die unterschiedlichen Möglichkeiten der Endgeräte und an die Nutzungserwartungen der Endkunden angeglichen werden.

Der Medienmanager Bernd Schulze unterscheidet zwei grundsätzliche Ausgestaltungsoptionen der **Mehrfachnutzung**, die anhand der Wertschöpfungsstufe auseinander gehalten werden können: Er spricht von **Mehrfach*verwendung***, sobald Medieninhalte (sog. Module[21]) beim sog. Packaging für mehrere unterschiedliche Produktbündel genutzt werden und von **Mehrfach*verwertung***, wenn ein Produktbündel auf der Distributionsstufe über verschiedene Medien bzw. Kanäle verbreitet wird (Schulze, 2005, S. 55ff). Weiterhin umfasst das Mehrfachnutzungskonzept nach Schulze zwölf verschiedene Varianten mit sechs unterschiedlichen Ansatzpunkten, die sich wiederum eindeutig einer der beiden Ausgestaltungsoptionen zuordnen lassen (siehe Abb. 4).

In der Variante der kombinierenden Mehrfachverwendung kommt eine Produkt-*diversifikation* zum Ausdruck, welche darauf abzielt, ein neues Medienprodukt für einen neuen Markt bereit zu stellen (ebd., S. 66). Die Produkt*modifikation* setzt hingegen an einem vorliegenden Medienprodukt an und untergliedert sich erneut in Produkt*variation* und -*differenzierung*.[22] „Bei der Produktvariation wird ein vorliegendes durch ein kundenspezifisches Medienprodukt ersetzt" und kennzeichnet die individualisierende Mehrfachverwendung (ebd.).[23]

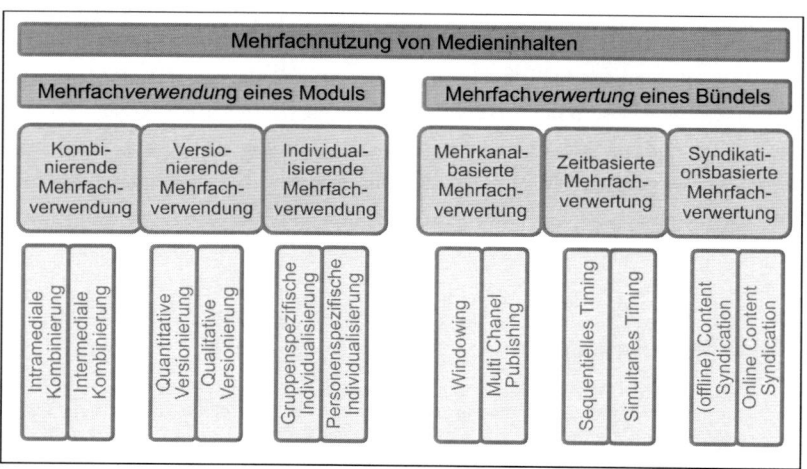

Abb. 4: Ausgestaltungsmöglichkeiten des Mehrfachnutzungskonzeptes
(Quelle: In Anlehnung an Schulze, 2005, S. 65)

---

[21] Der Begriff Modul bezeichnet eine technisch abgegrenzte Einheit von Medieninhalten, die sich nicht weiter sinnvoll unterteilen lassen und gerade noch so separat rezipierbar sind. Zu unterscheidende Module sind bspw. Titel, Abstrakt oder Haupttext, Vgl. Schulze (2005, S. 29).
[22] Siehe auch: Marktbearbeitungsstrategien nach der Ansoff-Matrix/Produkt-Markt-Matrix.
[23] Für ausführliche Erläuterungen der Mehrfach*verwertungs*-Ansätze Vgl. Schulze (2005, S. 77ff).

Kern dieser Arbeit ist der Ansatz der Produktdifferenzierung bzw. der versionierenden Mehrfachverwendung, bei dem ein Produkt (z.B. das E-Book) um prinzipiell vergleichbare Produktvarianten (z.B. das angereicherte E-Book) ergänzt wird. Dabei kann die digitalisierte Printversion als Ausgangsmodul angesehen werden. Bei einer Produktdifferenzierung hat der Rezipient verschiedene Produktvarianten ähnlicher, dennoch unterschiedlicher Merkmale zeitgleich zur Auswahl, zwischen denen er nach eigenem Ermessen und persönlicher Präferenz wählen kann (ebd.). Ausprägungen der versionierenden Mehrfachverwendung können sowohl qualitativer als auch quantitativer Natur sein (Schulze, 2003, S.46). Ein Merkmal der Qualität ist bspw. die Präsentationsform (durchschnittliche vs. anspruchsvolles Layout), ein quantitatives Merkmal kann hingegen der Leistungsumfang sein (Minimal- oder Maximalausstattung) (ebd.).

Auf Basis dieser unterschiedlichen Merkmalsausprägungen spielt vor allem der ökonomische Aspekt der Preisdifferenzierung zweiten Grades eine enorme, absatzpolitische Rolle. Die Preisdifferenzierung entspricht dem gewinnmaximierenden Ziel der Unternehmen, dem Rezipienten in Abhängigkeit seiner persönlichen Konsumpräferenzen seine individuelle (im Bestfall maximale) Zahlungsbereitschaft zu entlocken, um so die Produzentenrente zu maximieren. Bei der Auswahl der preislich differenzierten Produktvarianten ordnet sich der Rezipient selbstselektierend einer einheitlich behandelten Nachfragergruppe zu, wodurch die Variantenbildung laut Schulze mit einer Aufspaltung des Gesamtmarktes in Teilmärkte einhergehe (ebd., S. 50). Schulze verweist außerdem auf eine erlösoptimale Anzahl an Produktvarianten (bzw. Marktsegmenten). Ihm zufolge stehe eine zu geringe Variantenanzahl dem vollständigen Abschöpfen der Konsumentenrente im Weg, eine zu hohe hingegen ließe den Suchaufwand für Rezipienten übermäßig ansteigen (ebd.). Da der Konsument eine Abneigung gegen Extreme hat („extremeness aversion"), gehen Branchenexperten von einer optimalen Anzahl von drei Varianten aus (Shapiro & Varian, 1999, S. 72).

4. Forschungsmethoden

Im Folgenden wird das methodische Vorgehen der Experteninterviews sowie einer Angebotserhebung beschrieben.

4.1 Experteninterviews und Inhaltsanalyse

Um einen möglichst breit gefächerten Blickwinkel auf das Themengebiet zu gewährleisten, wurden unterschiedliche Branchenteilnehmer für qualitative Interviews ausgewählt: Frau X (Leitung Digital Publishing beim *X-Verlag),* Frau Katharina Hesse

(Geschäftsführerin *E-Lectra* Verlag), Herr Reto M. Kiefer (Unabhängiger IT-Consultant und Berater in der Buch- und Verlagsbranche), Herr Ralph Möllers (Geschäftsführer *Terzio* Verlag sowie *book2look*), Herr Dr. Uwe Naumann (Lektorat Sachbuch und Koordinator E-Book bei *Rowohlt*) sowie Frau Ute Nöth (Inhaberin von *books+* und freie Projektmanagerin für enhanced E-Books).

Die Interviews wurden in Form eines nicht standardisierten Leitfadeninterviews durchgeführt. Der Leitfaden enthielt grundsätzliche Fragen zum Thema aktuelle Marktsituation, Wertschöpfung sowie zukünftiges Marktpotential angereicherter E-Books und integrierte zentrale Themenbereiche der Marktanalyse (u.a. Formate, Lesegeräte, siehe 2.2). Für die Ergebnisfindung ist im Hinterkopf zu behalten, dass es sich bei den gestellten Fragen um Meinungs- und Erfahrungsfragen handelt. Diese ermitteln die Einstellung der Interviewten, ihre Bewertung von Prozessen und Situationen, indem sie eine subjektive Stellungnahme verlangen (Gläser & Laudel, 2010, S. 122). Die Experteninterviews wurden im Zeitraum vom 20. bis 25. März 2013 durchgeführt. Die Verschriftung wurde in Standardorthographie vorgenommen (siehe Anhang C a. bis C f.).

Als Auswertungsmethode diente die qualitative Inhaltsanalyse. Aufbauend auf den theoretischen Vorüberlegungen für die Fragestellungen des Leitfadeninterviews wurde im Vorlauf der Analyse ein Kategoriensystem zur Strukturierung der Informationen entwickelt. Dieses Kategoriensystem, welches während der Extraktion angepasst wurde, enthielt zentrale Untersuchungsvariablen (z.B. aktuelle Marktsituation) sowie deren untergeordnete Merkmalsausprägungen (z.B. Markthürden, Kennzahlen, Marktteilnehmer). Durch die Inhaltsanalyse wurde die Informationsfülle auf jene für die Beantwortung der Forschungsfrage relevanten Informationen reduziert und systematisiert.

4.2 Angebotserhebung

Um einen Überblick über angewandte Anreicherungs*arten* (übergeordnete Kategorien) und Anreicherungs*ausprägungen* (untergeordnete Kategorien) von E-Books zu erhalten, wurde eine stichprobenartige Angebotserhebung ähnlich einer Typologischen Analyse durchgeführt. Diese eignet sich Mayring zufolge besonders, um aus größeren Datenmengen typische Aspekte herauszufiltern und näher zu beschreiben (Mayring, 1996, S. 105).

Die Auswahl des zu analysierenden Materials erfolgte anhand der Fragestellung, welche Möglichkeiten der Anreicherung von E-Books Verlagen generell zur Verfügung stehen. Hierzu wurden die Internetseiten der 15 umsatzstärksten Publikumsverlage mit Schwerpunkt Belletristik/Sachbuch inklusive Kinder- und Jugendbuch, der drei umsatzstärksten Schulbuchverlage, des größten Reisebuchverlages und der zehn umsatzstärksten Fachverlage auf Basis des Rankings der 100 größten Verlage von *buchre-port.magazin* definiert (buchreport.magazin, 2012, S. 62f).[24] Um auch die Warengruppe der Ratgeber einzubeziehen, wurden jene fünf umsatzstärksten unter Zunahme des Kosmos-Verlages als weitere Analyseeinheit herangezogen. Somit fließen alle Waren-gruppen in die Analyse mit ein. Diese Einschränkung der zu untersuchenden Grundge-samtheit war aus Gründen der zeitlichen Begrenzung dieser Arbeit notwendig. Die Fokussierung auf die umsatzstärksten Verlage wird damit gerechtfertigt, dass es im Durchschnitt mehr große, umsatzstarke als kleine Verlage sind, die E-Books im Sorti-ment haben (Börsenverein, 2012b, S. 8).

Die eigentliche Sichtung und Analyse des ausgewählten Datenmaterials gestaltete sich schwieriger als erwartet. Für angereicherte E-Books und Apps (die auf Büchern basie-ren) – falls überhaupt vorhanden – ließen sich so gut wie nie Auswahlmöglichkeiten oder explizite Verweise auf den Websites finden. Daher wurde sich damit beholfen, die Seiten anhand der festgelegten Schlagwörter „enhanced", „enriched", „angereichert", „interaktiv", „App" und „Multimedia" zu durchsuchen. Die Ergebnisse dieser ersten Ma-terialsichtung wurden tabellarisch dargestellt und nach Verlagen, Autor und Titel, Wa-rengruppe, Anreicherungsart, Preis und alternativen Produktvarianten mit Preisangabe aufgelistet (siehe Anhang A: Angebotserhebung Verlage). Um eine gewisse Übersicht-lichkeit zu gewährleisten wurden die Anreicherungsarten angelehnt an Typisierungs-dimensionen in Text-, Bild-, Audio- und Videomaterial sowie Animation und Interaktion unterteilt. Grundlegende Interaktivitätsmerkmale wie Lesezeichen setzen, Vornahme von Markierungen und ähnliche Features wurden nicht als Anreicherung angesehen und daher nicht notiert (siehe „Basis-Interaktivität" unter 5.2.2).

Aufgrund der fehlenden expliziten Ausweisung angereicherter E-Books und des Rück-griffs auf eine Schlagwortsuche besteht kein Anspruch auf Vollständigkeit der Ange-botserhebung und sie ist als stichprobenartig zu bezeichnen. Insbesondere bei den Kinder- und Jugendbuchverlagen wurde auf die Tabellierung mancher Bücher verzich-tet, da sich Anreicherungsmuster wiederholten bzw. doppelten. Die Materialsichtung hat im Zeitraum vom 10. bis 16. Januar 2013 stattgefunden, sodass sich bis zur Er-gebnisfindung dieser Arbeit viel an der Produktpalette und an der Homepage-Navigation der Verlage geändert haben kann. Eine Vollständigkeit ist jedoch auch nicht notwendig, da es lediglich um den Ansatz ging, einen ersten Überblick über die ver-schiedenen Anreicherungsarten und -ausprägungen zu bekommen. Eine komplette Bestandsanalyse ist weder Gegenstand noch Ziel dieser Arbeit und wäre in keiner Weise zielführend für den Erhebungszweck und die Fragestellung.

---

[24] Handelt es sich um eine Verlagsgesellschaft, wurde die Hauptseite der Verlagsgesellschaft durchsucht.

5. Empirie Teil I: Angereicherte E-Books

Beginnend mit diesem Abschnitt wendet sich die Arbeit zentral den angereicherten E-Books zu. Einleitend wird ein grundlegendes Verständnis von enriched E-Books vermittelt. Dies geschieht in erster Linie anhand der Fragestellungen, wie sich angereicherte E-Books begrifflich abgrenzen lassen und mit welchen medialen und funktionalen Möglichkeiten eine Anreicherung vorgenommen werden kann.

5.1 Begriffsabgrenzung

Es wurde bis jetzt bewusst darauf verzichtet, enriched E-Books explizit zu definieren oder begrifflich abzugrenzen. Es gibt zwar im Printbereich und vor allem im Internet viele unterschiedliche Produktcharakterisierungen, keine (gefundene) beruft sich jedoch auf eine offizielle Quelle oder ist wissenschaftlich fundiert.[25]

Auch die Expertenmeinungen spiegeln ein breit gestreutes Definitionsportfolio wider. Der Grundbaustein eines angereicherten E-Books sei immer ein Buch im Sinne von Inhalt mit Text und Bildern – diese Ausgangsbasis nennen alle Interviewten (u.a. Frau X., Anhang C a., S. 100; Hesse, Anhang C b., S. 105). Auch bei der Art der Anreicherung sind sich die Experten einig, dass sich die Verlage zwischen den zwei Polen Interaktivität – im Sinne von Eingriffsmöglichkeiten des Lesers – und Multimedialität – im Sinne von medialen Zusatzinhalten wie Audio- und Videodateien sowie Animationen – bewegen und aus deren Möglichkeiten schöpfen können (u.a. Kiefer, Anhang C c., S. 112: Nöth, Anhang C f., S. 134). Durch Anreicherungen sehen die Experten einen Mehrwert gegenüber der reinen 1:1 Übertragung der Printversion ins Digitale (u.a. Kiefer, Anhang C c., S. 111; Möllers, Anhang C d., S. 119). Weiterhin werde „die Thematik des Buches veranschaulicht, vertieft oder auch variiert" (Naumann, Anhang C e., S. 126). Die selbstständige Projektmanagerin für enhanced E-Book-Projekte Ute Nöth führt an, dass sich der Inhalt durch Anreicherungen auf mehreren Ebenen bzw. Leveln für den Leser erschließen lässt (Nöth, Anhang C f., S. 134).

Uneinigkeit herrscht jedoch bei der Antwort auf die Frage, ab wann ein E-Book als angereichert bezeichnet bzw. angesehen werden kann. IT-Consultant Reto M. Kiefer und Verlegerin Katharina Hesse gehen die Abgrenzung aus Sichtweise der medialen Anreicherung an und sehen ein enriched E-Book mit einem wirklichen Mehrwert nur dann gegeben, wenn die Anreicherung einen Zusatz an Information „und nicht parallel einen gleichen Inhalt" (Kiefer, Anhang C c., S. 112) oder „nur eine Dopplung der Aussage und Information" darstellt (Hesse, Anhang C b., S. 106). „Das ist das gleiche,

---

[25] Bsp. Print: Galitz (2010, S. 33) oder Matrisch & Welch (2011, S. 16); Bsp. Internet: Gablers Wirtschaftslexikon (2013) oder Meier (2010, 29. September).

wenn Sie einem Buch noch die CD oder DVD beilegen und dann behaupten, es sei ein multimediales Device – das ist es eben nicht", vergleicht Kiefer (Kiefer, Anhang C c., S. 112). Frau X., Leiterin der Abteilung Digital Publishing beim *X-Verlag*, sieht es zwar als verständlichen Schritt an, „Materialien einfach hinzuzufügen, die leicht verfügbar sind", doch das würde sie „faktisch nicht als enhanced E-Book bezeichnen" (C., Anhang C a., S. 100).

Verleger Ralph Möllers und Ute Nöth gehen von einer funktionalen Perspektive aus. Nach Möllers ist bereits „eine interne Verlinkung in der 1:1 Übertragung des Printbuches in die E-Book-Version ein Kriterium für die Bezeichnung als enriched E-Book", da es demzufolge über die reine Printversion hinausgehe (Möllers, Anhang C d., S. 119). Somit sei das E-Book für die Lesegeräte optimiert und gleichzeitig mit zusätzlichen Funktionen besetzt, was Möllers Meinung nach ein angereichertes E-Book ausmacht (ebd., S. 121). Auch Nöth sieht z.B. durch eine Markierungsfunktion die Möglichkeit „der Interaktion des Lesers mit dem Inhalt" ergo das Kriterium der Anreicherung gegeben (Nöth, Anhang C f., S. 134). Beide setzen die Grenze, ein E-Book als angereichert zu bezeichnen, verhältnismäßig niedrig an und sehen Basis-Interaktivitäten eines E-Books (siehe 5.2.2) bereits als Anreicherungskriterien. Hier ist der Lektor und E-Book-Koordinator bei *Rowohlt*, Uwe Naumann, jedoch anderer Meinung. Er nimmt die Abgrenzung aus einem rein interaktiven Blickwinkel als schwierig wahr und findet, interaktiv sei ein bisschen zu einem „Modewort" geworden (Naumann, Anhang C e., S. 127). Interaktive Produkte zu machen ist laut Naumann nicht nur bei Verlagen „voll im Trend", sondern könne überspitzt formuliert fast schon als „marktschreierischer Trick" angesehen werden (ebd.).

Frau X bringt für eine begriffliche Abgrenzung ähnlich wie Möllers den Aspekt des End- bzw. Lesegerätes ins Spiel. Als Kriterium für ein enriched E-Books setzt sie voraus, dass es „die Möglichkeiten des Anzeigegerätes zur Gänze oder zumindest großen Teilen nutzt" (X., Anhang C a., S. 100).

Aufgrund der ganz unterschiedlichen Begriffsabgrenzungen, die sowohl aus einer medialen, funktionalen und auch Endgeräte-Perspektive rühren, kann an dieser Stelle – so wünschenswert es aus einem wissenschaftlichen Blickwinkel auch ist – keine klare definitorische Abgrenzung vorgenommen werden. Die Möglichkeit dazu sieht Naumann jedoch auch gar nicht gegeben, „weil alles fließt und wir uns in einer Umbruchsituation und in einem Übergang befinden" (Naumann, Anhang C e., S. 126). Dennoch versucht die Arbeit im Schlussteil (siehe 9.1) wichtige Kriterien, die für eine Begriffsabgrenzung und Produktcharakterisierung helfen können, zusammenzufassen.

5.2 Systematisierung der Anreicherungsmöglichkeiten

Naumann bezeichnet die Möglichkeiten der funktionalen und medialen Anreicherung als „Experimentierfeld" und „Neuland" (ebd., S. 131, 129). Der Umfang und der Inhalt dieses bisher noch nicht abgegrenzten Experimentierfeldes werden im Folgenden analysiert und genauer beschrieben. Aufbauend auf die durchgeführte Angebotserhebung, deren Kernergebnisse eingangs präsentiert werden, werden die medialen und funktionalen Anreicherungsmöglichkeiten klassifiziert dargestellt. Außerdem wird aufgezeigt, wie man enriched E-Books in die Theorie der inhaltlichen Mehrfachnutzung einordnen kann.

5.2.1 Kernergebnisse der Angebotserhebung

Bei allen besuchten Verlagsseiten waren es lediglich *Random House* und *Bastei Lübbe*, die über eine eigenständige, auf Anhieb auffindbare Kategorie für enriched E-Books verfügen. Weitere Verlage wie *Carlsen* oder *Oetinger* verweisen auf eine App-Kategorie. Bei den meisten anderen Verlagen wird der Besucher der Internetseite erst – wenn überhaupt – durch eine Schlagwortsuche fündig und die Verlage behelfen sich damit, die angereicherten E-Books unter die Text-E-Books zu subsumieren.

Auffällig ist, dass es besonders die Warengruppe der Belletristik und die Kinderbuchverlage sind, die angereicherte E-Books anbieten. Bei den Wissenschaftsverlagen hingegen taucht kein einziges Angebot auf, welches über Basis-Funktionalitäten (siehe 5.2.2) wie Notiz- oder Exzerpier-Funktion hinausgeht. Dies ist besonders markant, da es sich bei Fachbüchern um jene Warengruppe handelt, die in der Fachpresse, aber auch von den Experten (siehe 7.1.1) als prädestiniert für multimediale und interaktive Anreicherung angesehen wird. Das App-Format ist insbesondere bei Kinderbuchausgaben (*Ravensburger, Carlsen, Oetinger*) und im Reiseführer- sowie Ratgebersegment (*Mairdumont bzw. Kosmos*) aufzufinden.

Bei einem Vergleich mit alternativen Produktausführungen (Taschenbuch, Hardcover, Hörbuch) fällt auf, dass bereits vorhandene bzw. produzierte Inhalte Anlass für eine enriched E-Book-Version geben. Bei Anreicherungen mit Schrift und Bild wurde zwar auch neu geschaffenes Material (wie z.B. Personenbeschreibungen oder Stammbäume) verwendet [26], im kostenintensiveren Video- und Audio-Bereich greifen die Verlage jedoch so gut wie immer auf bereits produziertes Material (wie z.B. Hörbuchpassagen,

---

[26] Beispiel: „Die Pforten der Ewigkeit" von Richard Dübell (*Bastei Lübbe*); „Das Lied der Banshee" von Janika Nowak (*Droemer Knaur*).

Musiktitel) zurück.[27] Weiterhin scheinen Romanverfilmungen ein attraktiver Grund, eine enriched E-Book-Version zu veröffentlichen.[28]

Betrachtet man die Preisgestaltung der Produkte wird deutlich, dass die Verlage für die angereicherten E-Books meist einen Absatzpreis kalkulieren, der sich in etwa mit dem der Taschenbuchausgabe deckt oder im Schnitt einen Euro über der einfachen E-Book-Ausgabe liegt.

5.2.2 Anreicherungsarten und -ausprägungen

Aufbauend auf die Analyse der Angebotserhebung wird eine generelle Vorunterteilung der Anreicherungs*arten* in *medial* und *funktional* bzw. *Zusatzinhalt* und *Zusatzfunktion*, welche mit *Interaktivität* gleichgesetzt wird, vorgenommen. Die medialen Anreicherungsarten lassen sich in *Schrift, Bild, Video* und *Audio* unterteilen. Dabei muss bei Schrift und Bild die Unterscheidung zwischen der *statischen* und der *zeitbasierten* Ausprägung gemacht werden. Video und Audio sind generell zeitbasierte Medien. Weiterhin werden Schrift und Bild als *Basismedium* bezeichnet, da sie die elementaren Bausteine der *Basisversion E-Book* (1:1 Übertragung des gedruckten ins digitale Buch) sind. Video und Audio werden im Gegenzug jeweils als *Neues Medium* benannt. Da das Internet auf den Medien Schrift, Bild, Video und Audio beruht, wurde es nicht in die Kategorisierung integriert (findet aber unter Interaktivität Beachtung). Tabelle 1 veranschaulicht diese erste Kategorisierung von Anreicherungsarten.

Basisversion E-Book (digitalisiertes Äquivalent der Printversion)				
bestehend aus				
Basismedium Bild & Schrift				
Anreicherung durch				
Zusatzinhalt				Zusatzfunktion
Basismedium		Neues Medium		Interaktivität
Schrift		Bild		
Video	Audio			
sta-tisch	zeit-basiert	sta-tisch	zeit-basiert	

Tab. 1: Untergliederung der Anreicherungsarten in medial und funktional
(Quelle: Eigene Darstellung)

---

[27] Beispiel: „Welcher Gartenvogel ist das?" von Ulrich Schmid (*Kosmos*); „Autogenes Training" von Delia Grasberger (*Gräfe Unzer*).
[28] Beispiel: „Speed" von Florian Opitz (*Random House*); „Die Säulen der Erde" von Ken Follett (*Bastei Lübbe*).

Die identifizierten *Ausprägungen* der Anreicherungsarten Schrift, Bild, Video und Audio zeigen Tabelle 2 und 3. Die diversen Ausprägungen wurden jeweils zu Oberkategorien zusammengefasst und mit verallgemeinerten Beispielen aus der Angebotserhebung belegt.

Basismedium			
Schrift		**Bild**	
statisch	dynamisch	statisch	dynamisch
• Ergänzungen zu Inhalt/ Handlung (z.B. unveröffentlichte Kapitel, alternative Handlungsstränge) • Hintergrundinformationen (z.B. Glossare/ Lexika, Kommentare/Interviews, thematische Erläuterungen) • Leseproben, Kurzgeschichten	• Animierte Textpassagen (Ein-/Ausblenden und Veränderung der Form/Größe; z.B. visuelle Hervorhebung während der Vorlesefunktion („Read Aloud"))	• Ergänzungen zu Inhalt/ Handlung (z.B. zusätzliche Fotos oder Illustrationen, Zeittafeln, Stammbäume) • Hintergrundinformationen (thematische Zusatzmaterialien in Form von Abbildungen/Fotos, Faksimiles)	• Animierte Illustrationen/ Bilder/Grafiken (z.B. Figuren in Kinderbüchern, 3D-Grafiken, animierte Buchcover, Pop-up-Grafiken) • Fortschrittsabhängige Aktualisierung während des Leseverlaufs (z.B. Stammbäume, Landkarten)

Tab. 2: Ausprägungen der Anreicherungsarten Schrift und Bild (Quelle: Eigene Darstellung)

Neues Medium	
Video	**Audio**
• Ergänzungen zu Inhalt/Handlung (z.B. Sequenzen der Verfilmung) • Hintergrundinformationen (z.B. Begrüßungsvideo, Kommentare/ Interviews, thematische Erläuterungen, Hilfestellungen, Buchtrailer)	• Ergänzungen zu Inhalt/Handlung (z.B. reine Audiopassagen, Gespräche) • Hintergrundinformationen (z.B. Grußwort, original zeitgenössische Aufnahmen, Kommentare/Interviews) • Audioversion des Buches (z.B. Hörbuch Original/Hörprobe, Lesungsmitschnitte) • Vorlesefunktion[29] (z.B. für ganzes Buch/für einzelne Passagen; auch in Verbindung mit animierter Schrift/„Read Aloud") • Soundeffekte (z.B. Seitenrascheln, Kanonenschüsse, Te-

---

[29] Im Gegensatz zur in Lesegeräten integrierten Vorlesefunktion („Text-to-Speech") oder der Voice-Recorder-Funktion handelt es sich um eine formatinterne Funktion, die aus der Datei heraus (und nicht vom Lesegerät aus) gesteuert werden kann.

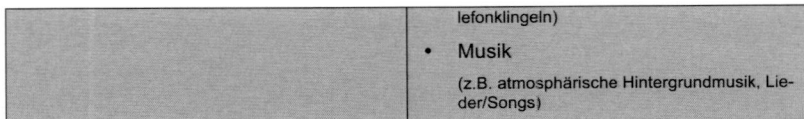

lefonklingeln)

* Musik

(z.B. atmosphärische Hintergrundmusik, Lieder/Songs)

Tab. 3: Ausprägungen der Anreicherungsarten Video und Audio
(Quelle: Eigene Darstellung)

Alle vier medialen Anreicherungsarten zeigen bezüglich der Ausprägungen Gemeinsamkeiten. Es werden häufig den Inhalt und die Handlung des Buches ergänzende Materialien zum Anreichern genutzt. Hintergrundinformationen, die dem Leser zusätzliches Wissen rund um den eigentlichen Inhalt vermitteln, sind ebenfalls sehr beliebt.

Im Bereich der *funktionalen, interaktiven* Anreicherung gestaltete sich eine Kategorisierung um einiges schwieriger, da übergeordnete Funktionsarten zur Bildung von Kategorien nur selten gleich erkennbar waren. Die Einordnung der einzelnen Ausprägungen war ebenfalls nicht immer trennscharf zu leisten. Zur Erinnerung: Interaktivität wird definiert als Eigenschaft einer Datei oder Software, dem Benutzer diverse Steuerungs- und Eingriffsmöglichkeiten zu gewähren, wodurch die Auswahl und Darstellung von Information manipuliert werden kann (siehe 3.1).

Als erster Schritt wurde zwischen interaktiven Funktionalitäten, die als grundlegende Funktionen des E-Books und der E-Reader angesehen werden können (siehe 2.2.2) und neuen, erweiterten Funktionalitäten bzw. Formen der Interaktivität unterschieden. Die als grundlegende Funktionalitäten identifizierten Ausprägungen von Interaktivität werden im Folgenden als *Basis-Interaktivität* bezeichnet. Neue, den technischen Möglichkeiten (und auch den Endgeräten) angepasste Funktionalitäten werden als *erweiterte Interaktivität* definiert.

Diese Unterteilung ist aus Sicht derjenigen, die eine interaktive Abgrenzung des enriched E-Books verhältnismäßig niedrig ansetzten (siehe 5.1), sicherlich streitbar. Dennoch kann sie als Versuch angesehen werden, sich durch die Definition von Basis-Interaktivitäten differenzierter mit dem Attribut *interaktiv* und dessen unter 3.1 und 5.1 angesprochenen „inflationären Gebrauch" auseinander setzen zu können. Gleichzeitig wird jedoch deutlich, wie „einfach" es für Verlage sein kann, ihre E-Books zumindest mit einer Basis-Interaktivität auszustatten.

Als übergeordnete Kategorien wurden anhand der Angebotserhebung insgesamt sechs verschiedene Arten der Interaktivität identifiziert: *Navigation, Manipulation, Kreation, Kommunikation, Aktualisierung* und *Lern-/Spielaktivität.*[30] Die nachfolgende Tabelle 4 zeigt diese kategorisierten Ausprägungen.

---

[30] Diese Kategorien sind in Anlehnung an Strzebkowskis Unterscheidungen der Interaktivität in Interaktivität in Lernumgebungs-Aktivitäten, Navigations- und Dialogfunktionen, Aktivitäten bei

Kategorie	Basis- Interaktivität	Erweiterte Interaktivität
Navigation →Auswahl- funktion für Inhalte	• Digitales Lesezeichen • Suchfunktionen (z.B. durch Stichwortsuche) • Text- oder bildbasierte Quer- verweise und Verknüpfungen (Hyperlinkstrukturen, lineares/ hierarchisches Navigieren, sowohl Dokument-interne als auch externe Links („Webisieren"))	• Auswahl über akustische Signale oder Bewegungs- sensoren des Devices (z.B. durch Rütteln oder Schütteln)
Manipulation →Präsentati- onsfunktion für Inhalte	• Unterstreichen, Markieren	• Personalisierung des Inhalts (z.B. Namensgebung oder Foto- montage, Auswahl eines Charak- ters) • Personalisieren der Dokumentenstruktur (Ein-/Ausblenden und Neuordnung von Textpassagen) • Personalisierung der Handlung (Wahlalternative für Handlungs- fortsetzung, z.B. bei Spielbüchern, Stichwort „Interaktives Schreiben") • Sprachenauswahl (Text kann in mehreren Sprachen verfügbar sein) • Personalisierung von Hypermedia[31]-Elementen (z.B. individueller Routenplaner bei Karten/Maps, Anzeige von Infor- mationen der Standortumgebung (Location-Based Services))
Kreation →Funktion zur Erstellung eige- ner Inhalte	• Exzerpieren • Notizfunktion/Anmerkungen (Umwandlung der Handschrift in Druckbuchstaben durch Hand- schrifterkennung)	• Kreation eigener Inhalte (z.B. Ausmalbilder, Audio- Recording der eigenen Stimme)
Kommuni- **kation** →Dialog- funktion	• Verlinkung zu externen Kommunikationsschnittstel- len (z.B. E-Mail, Foren oder Social	• Dateiinterne Kommunikati- onsschnittstellen (meist durch eingebundene Wid- gets, z.B. „buchfrage" der Social- Reading-Community lovely-

der Informationspräsentation, Bearbeitungsfunktionen für präsentierte Inhalte und Bearbei-
tungsmöglichkeiten der Datenbasis entstanden; Vgl. Strzebkowski (1995).

[31] Hypermedia (oder Hypermedialität) bezeichnet eine Variante von Hypertext unter expliziter Betonung des multimedialen Aspektes.

	Reading-Communities)	books.de, Stichwort „Social E-Books/Reading")
Aktualisierung →Update- funktion für Inhalte	• Automatisierte Updates von Hypermedia-Elementen (z.B. Temperatur- oder Nieder-schlagswerte bei Wetterdiensten; Standortanzeige)	• Korrektur oder Aktualisie-rung der Datenbasis (z.B. von Tabellen oder Statistiken)
Lern- & Spiel-Aktivität		• Rätsel, Puzzle, Mini-Spiele

Tab. 4: Formen der Interaktivität und Ausprägungen der funktionalen Anreicherungsarten
(Quelle: Eigene Darstellung)

Weiterhin kann die allgemeine Steuerung bzw. Aktivierung von Multimediainhalten ebenfalls als Interaktivität angesehen werden. Im Falle von nicht-automatisierten Multimediainhalten wie z.b. Videos oder Soundeffekten kann der Leser individuell ins Lesegeschehen eingreifen und das Abspielen des Inhaltes sensorisch starten und steuern. Meist wird dabei die Touch-Sensorik mittels Berührung des Displays verwendet.

Für die Integration von Multimediainhalten und die Möglichkeit zur Interaktivität in E-Books sind sog. *Widgets* von zentraler Bedeutung. Widgets stellen Komponenten eines grafischen Fenstersystems dar, die in ihre Umgebung (Betriebssysteme) eingebunden sind (ITwissen, 2013). Da sie nicht als selbstständige Anwendungsprogramme auftreten können, benötigen Widgets die Verzahnung mit der Umgebung, von der sie über eine Programmierschnittstelle Grundfunktionen und Ressourcen bereitgestellt bekommen (ebd.). Widgets erlauben dem Benutzer eine Eingabe bzw. Änderung der Datengrundlage und der Anzeige und spiegeln somit die Eigenschaft der Interaktivität wider.

5.2.3 Zusammenführung der Ergebnisse

Anhand der entwickelten Systematik lassen sich angereicherte E-Books in die unter 3.3 beschriebene Theorie der Mehrfachnutzung von Medieninhalten einordnen. Wie angeführt sind die entstehenden Produktvarianten bei einer versionierenden Mehrfachverwendung des Contents zwar ähnlich zum Ursprungsprodukt (E-Book), lassen sich dennoch durch unterschiedliche quantitative bzw. qualitative Merkmale differenzieren.

Die Anreicherung mit Zusatzfunktionen (sowohl Basis- als auch erweiterte Interaktivität) steht stellvertretend für ein qualitatives Versioning, da sich die Anreicherung positiv auf den Service- und Unterhaltungsfaktor des Lesers auswirkt und durch die Erweiterung der Steuerungs- und Eingriffsmöglichkeiten funktionale Extras zur Verfügung gestellt werden. Es kann somit von einer qualitativen Anreicherung gesprochen werden.

Die Anreicherung mit medialen Zusatzinhalten stellt auf den ersten Blick ein quantitatives Versioning dar, da so der Leistungsumfang (Minimal- oder Maximalausstattung) des E-Books verändert wird. Hier kann also von einer quantitativen Anreicherung gesprochen werden. Gleichzeitig ist zu berücksichtigen, dass die Zusatzinhalte nicht nur als additives Material angesehen werden können. Durch ihre Eigenschaft, dem Leser die Wiedergabesteuerung insbesondere der zeitbasierten Medien zu erlauben, werden zusätzliche Funktionen (und nicht nur zusätzlicher Inhalt) suggeriert. Weiterhin sind die statischen und zeitbasierten Zusatzmaterialien auch auf die Qualität des E-Books zu übertragen, da sie (im besten Fall) für einen inhaltlichen Mehrwert, und nicht nur eine Dopplung der Information sorgen. Zusatzinhalte sind daher sowohl bei den quantitativen als auch bei den qualitativen Merkmalsausprägungen anzusiedeln. Erweitert man Tabelle 1 um die funktionalen Anreicherungsarten der Interaktivität und zieht die qualitativen und quantitativen Merkmalsaupräungen der Mehrfachverwendung in Betracht, ergibt sich Tabelle 5. Diese dient der vollständigen Kategorisierung der Anreicherungsarten und bietet eine systematische Darstellung der Anreicherungsmöglichkeiten für Verlage.

Basisversion E-Book (digitalisiertes Äquivalent der Printversion)							
bestehend aus							
Basismedium Bild & Schrift							
Anreicherung durch							
Zusatzinhalt					Zusatzfunktion		
Basismedium		Neues Medium			Interaktivität		
Schrift	Bild	Video	Audio	Basis-Interaktivität	Navigation Manipulation Kreation Kommunikation Aktualisierung Spiel- & Lernaktivität	Erweiterte Interaktivität	
sta-tisch / zeit-basiert	sta-tisch / zeit-basiert						
Quantitative und qualitative Anreicherung					Qualitative Anreicherung		
Enriched E-Book (durch Zusatzinhalte und Zusatzfunktionen angereichertes E-Book)							

Tab. 5: Gesamtübersicht der Untergliederung der Anreicherungsarten (Quelle: Eigene Darstellung)

6. Empirie Teil II: Aktuelle Marktsituation angereicherter E-Books

In Ergänzung zu den Ergebnissen der Angebotserhebung vermittelt dieser Abschnitt aus dem Blickwinkel der interviewten Experten einen allgemeinen Überblick über das Verhalten der beiden relevanten Marktakteure Verlage und Konsumenten in Bezug auf angereicherte E-Books. Als verbindendes Glied zwischen Herstellung und Absatz wird (ergänzend zu 2.2.2) die momentane Abhängigkeit der Branche von der Leistung der End- und Lesegeräte aufgegriffen.

6.1 Verlage

Die Angebotserhebung lässt bei den meisten Verlagen ein eher zurückhaltendes Handeln in Hinblick auf angereicherte E-Books erkennen. Dennoch ist aufgrund des Angebotsspektrums ein, wenn auch zögerliches, Interesse klar feststellbar. „Es gibt zwar einige, die auf den Zug aufspringen, aber der Großteil hat noch eine gehörige Portion Distanz", beschreibt Kiefer das Verhalten der Verlage aus seiner Sicht (Kiefer, Anhang C c., S. 112). Auch Hesse und ihre Kollegen bei *E-Lectra* spüren zwar eine große Neugierde der Verlage für Anreicherung von E-Books, dennoch nehmen sie gleichzeitig ein recht zögerliches Agieren wahr. Hesse beschreibt, dass viele Verlage vereinzelt Titel auf den Markt würfen und auf eine entsprechende Reaktion der Kunden warteten (Hesse, Anhang C b., S. 106). Für Möllers ist die momentane Situation der enriched E-Books „eine schwierige Gemengelage" (Möllers, Anhang C d., S. 119). Naumann sieht sogar die Gefahr einer „Sackgasse" gegeben und erzählt, dass man bei *Rowohlt* zögerlich geworden sei in Hinsicht auf die Zukunft der enriched E-Books (Naumann, Anhang C e., S. 127). Nöth berichtet ferner von einer recht breiten Front, die angereicherte E-Books „als überflüssigen Nonsens" ansehe und exemplifiziert dies mit einem „Bild von einem Grabstein mit der Inschrift: ‚Enhanced E-Book 2009 – 2011' ", welches im Internet kursiere (Nöth, Anhang C f., S. 134). Dennoch glaubt sie an das junge Format und sieht die aktuelle Situation vielmehr als eine „Zwischenphase" an (ebd.). Die Projektmanagerin für enriched E-Book ist davon überzeugt, dass Verlage momentan die grundlegenden Technologien ausprobieren und sich „im Übergang von einer Pionieranwendung (...) hin zu einem breiteren Markteintritt" befinden (ebd.).

Frau X sieht noch keinen Anlass hinsichtlich enriched E-Books von Erfolgen zu sprechen und beschreibt die aktuelle Situation als „erste Gehversuche" der Verlage (Frau X, Anhang C a., S. 101). Diese Gehversuche nimmt auch Hesse wahr. Derzeit werde viel von den Verlagen ausprobiert und experimentiert, „aber ein richtiges Konzept steht häufig nicht dahinter", konstatiert sie (Hesse, Anhang C b., S. 107). Nach Ansicht von Möllers erfolgt die Anreicherung von Seiten der Verlage teils um ihrer selbst willen und nicht getrieben von einem tatsächlichen Bedürfnis auf Seiten der Leser (Möllers, Anhang C d., S. 121). Besonders mit dem Aufkommen der Buch-Apps hätten Verlage einen Text teilweise so überladen, dass er es als „Programmierstunts" bezeichnen würde (ebd.). Wie Hesse und Nöth findet auch Möllers, dass es bei den Verlagen gegenwärtig eher um technisches Experimentieren nach dem Motto „Guck mal, was ich kann!" gehe (ebd.).

Als Gründe für dieses zögerliche und teils unstrukturierte Verhalten der Verlage können neue unbekannte Arbeitsschritte und -abläufe, hohe Produktionskosten, technische und kommunikationspolitische Hürden und weitere Herausforderungen genannt werden. Diese werden unter 7. eingehender behandelt.

6.2 Lesegeräte

Verlage sehen sich weiterhin mit dem Problem der Anzeige bzw. der Beschränkung durch die aktuelle Gerätegeneration konfrontiert. Dieser Punkt wurde unter 2.2.2 im Zuge der Betrachtung der Lesegeräte und Formate bereits einleitend behandelt. Die Expertenaussagen belegen die Dringlichkeit und die Auswirkungen dieses Umstandes auf die aktuelle Marktsituation.

„Das Problem ist, dass wir aktuell noch keine weit verbreiteten, vernünftigen Reader, weder soft- noch hardwaremäßig, für enhanced E-Books haben", akzentuiert Möllers (Möllers, Anhang C d., S. 119). Sowohl er als auch Nöth sehen momentan nur im *iPad* ein Device, welches eine adäquate Umsetzung von angereicherten E-Books leisten kann (ebd., S. 121; Nöth, Anhang C f., S. 136). Technisch und inhaltlich sei für die Verlage alles machbar, erklärt Frau X (Frau X, Anhang C a., S. 100). Die Lesegeräte, insbesondere die E-Reader könnten die Inhalte jedoch nicht anzeigen, und „ich kann dem Kunden nur das anbieten, was ihm sein Gerät wiedergibt", umschreibt sie die problematische Lage (ebd.). Auch Hesse nimmt in der Einschränkung durch die Endgeräte ein schwerwiegendes Problem wahr (Hesse, Anhang C b., S. 109).

Das „Wirrwarr an Geräten und an Formaten" sei eine Barriere, „die sich durch die Marktentwicklung von selber aufgebaut hat", gibt Naumann zu bedenken (Naumann, Anhang C e., S. 127). Er expliziert das daraus resultierende Problem, dass eine Bereitstellung von E-Books für alle am Markt befindlichen Geräte und Formate Verlage ein Vermögen kosten würde und fügt ernüchternd hinzu: „Und es würden trotzdem nur geringe Verkaufszahlen da sein" (ebd.). Er resümiert:

> „Diese Geräte- und Formate-Vielfalt ist schon für die, die produzieren, verwirrend, verunsichernd und irgendwo auch ärgerlich. Geschweige denn für die Benutzer. Wenn ein Kunde sich im Laden zum Beispiel einen *Kindle Fire* kauft und

geht nach Hause und merkt, dass er viele Produkte darauf gar nicht abspielen kann – dann ist dieser Kunde natürlich frustriert und verärgert." (ebd.).

6.3 Konsumenten

So eingeschränkt das Angebot an angereicherten E-Books und zurückhaltend das Agieren der Verlage in diesem Bereich zu bezeichnen ist, so zögerlich ist derzeit auch noch das Interesse der Leser. Doch das „Wirrwarr an Geräten und an Formaten" ist nicht der einzige Faktor, der sich im Konsumentenverhalten niederschlägt. Bisher hat die Arbeit zum Postulat gemacht, dass enriched E-Books aufgrund ihrer Interaktivität und Multimedialität neuen Mediennutzungspräferenzen sowie der Entwicklung des Lesers hin zum multimedial vernetzten Rezipienten gerecht werden und den Zahn der Zeit treffen. Auch wenn alle Experten das enriched E-Book-Format als zeitgerecht betrachten, werden Eingrenzungen bezüglich der Präferenzen bzw. Bedürfnisse der Konsumenten deutlich. So gibt z.B. Frau X zu bedenken:

> „Ich glaube die Situation ist deshalb schwierig, da der Kunde bei allem, was auf elektronischen Endgeräten abgespielt wird, eher etwas Spektakuläres erwartet. Aber ein Buch ist erst einmal per se nicht spektakulär" (Frau X, Anhang C a., S. 101).

Naumann, Hesse und Möllers sehen in angereicherten E-Books ganz eindeutig Produkte, die den Zeitgeist treffen. Ein einzelnes Foto oder ein eingefrorenes Standbild sind für Naumann in einer Epoche der bewegten Bilder nicht mehr kontemporär, ergo könne eine multimediale Ergänzung des E-Books für ihn als zeitgerechte Entwicklung angesehen werden (Naumann, Anhang C e., S. 129). In einer Gesellschaft der *YouTube*-Generation, die nicht nur Jüngere einschließt, sieht auch Hesse das Aufkommen von enriched E-Books als eine logische Folge des Zeitgeistes (Hesse, Anhang C b., S. 106). Möllers geht so weit zu sagen, dass „die nachwachsende Leserschaft sozusagen in Devices denkt", was Verlage nur schwer verstehen könnten (Möllers, Anhang C d., S. 120). Kinder würden wiederum nicht nachvollziehen, „warum man *nicht* irgendetwas anklicken oder aktivieren kann" (ebd.). Aus diesem Grund wird sich für Möllers die Entwicklung hin zu immer mehr Konsumenten, für die Enhancements und Anreicherungen eine Selbstverständlichkeit sind, auf jeden Fall fortsetzen (ebd.) (siehe auch 8.1.1).

Nöth und Frau X hegen jedoch Zweifel, ob auf Seiten der Leser überhaupt ein Bedürfnis nach angereicherten Texten vorhanden ist. Frau X argumentiert mit Fakten und verweist auf das klassische E-Book bzw. die 1:1 Übertragung der Printversion, welche Marktführer im digitalen Bereich sei (Frau X, Anhang C a., S. 101). Weiterhin ist sie genauso wie Nöth der Auffassung, dass der „Leser dieses Bedürfnis oft noch nicht kennt" und es erst noch zu entwickeln sei (ebd., S. 135; Nöth, Anhang C f., S. 135).

Hier komme die wichtige Aufgabe der Verlage ins Spiel, Erfolgskriterien eines enriched E-Books zu antizipieren, um Nutzerpräferenzen zu wecken und dann zu befriedigen (ebd.).

Gemäß Nöth ist der Nutzer noch nicht bereit für das neue Format, da u.a. durch technische Einschränkungen immenser Erklärungsbedarf bestehe (ebd.). Auch wenn sie sicher ist, dass sich dies mit nachfolgenden Generationen ändern werde, verspüre sie aktuell noch erhebliche Skepsis gegenüber dem neuen Format (ebd.). Nach ihrem Erachten seien es eher die versierten Vielleser, welche die derzeitige Zielgruppe für enhanced E-Books darstellen (ebd.).

Wie bereits verdeutlicht wurde hat auch die Frage der Zahlungsbereitschaft der Endverbraucher bzw. der Preisgestaltung (im Vergleich zum Basis bzw. Text-only-E-Book) erheblichen Einfluss auf das Konsumentenverhalten. Diese und weitere Punkte werden unter 7.3 eingehender behandelt.

7. Empirie Teil III: Wertschöpfung angereicherter E-Books

Dieser Teil der Arbeit widmet sich der Frage, welche Arbeitsschritte und damit verbundenen Herausforderungen die Herstellung und der Absatz angereicherter E-Books für Verlage mit sich bringt. Der Wertschöpfungsprozess eines enriched E-Books wird ausgehend von der Konzeption über die eigentliche Produktion bis hin zum Vertrieb beleuchtet. [32] Des Weiteren werden die Auswirkungen von angereicherten Leistungsangeboten auf den Wertschöpfungsstufen-übergreifenden Workflow betrachtet.

7.1 Konzeption und Auswahl

Für einen ersten konzeptionellen Schritt sollten Verlage erörtern, ob das entsprechende Basis-E-Book sich für eine Anreicherung eignet. Weiterhin müssen Verlage für ein erfolgsversprechendes Produkt über die Quantität und Qualität der Anreicherung bzw. deren Ausmaß und Platzierung nachdenken und somit erfolgsversprechende Produktmerkmale antizipieren.

---

[32] Diese Untergliederung ist in Anlehnung an den Produktionsprozesses von Medien nach Wirth entstanden, siehe S. 24 bzw. Vgl. Wirth (2006, S. 96).

7.1.1 Eignung zur Anreicherung

Wie bereits beschrieben, befinden sich die Verlage in einem Experimentierstatus, in welchem viel ausprobiert wird. Teilweise sei laut Experten eine Anreicherung von E-Books um ihrer selbst willen ohne dahinterstehendes Konzept wahrnehmbar (siehe 6.1). Aufgrund dieser Aussage liegt die Frage nahe, welche E-Books bzw. Genres oder Warengruppen sich überhaupt zur Anreicherung eignen.

„Die einzelnen Fälle müssen zwar immer wieder individuell geprüft werden, aber eigentlich sind es fast alle [Warengruppen]", legt Nöth ihre Meinung dar (Nöth, Anhang C f., S. 137). Auch für Kiefer kommt die Sinnhaftigkeit einer Anreicherung immer auf den Kontext an (Kiefer, Anhang C c., S. 112). Aus Sicht der anderen Experten werden jedoch Ratgeber, Reiseführer sowie Kinder- und Lehrbücher als prädestiniert identifiziert.

„**Ratgeber** eignen sich hervorragend", konstatiert Hesse (Hesse, Anhang C b., S. 107). Sie sieht in diesem Bereich einen sehr großen Markt und zählt unter anderen die Bereiche Garten, Kochen, Tierpflege und Erziehung auf (ebd.). Nicht nur Frau X und Möllers, sondern auch Naumann, der ferner das Ratgebersegment Gesundheit als geeignet empfindet, teilen ihre Meinung (Frau X, Anhang C a., S. 101; Möllers, Anhang C d., S. 122; Naumann, Anhang C e., S. 130).

Gleichzeitig sieht Naumann großes Potential in **Reiseführern** und allgemeinen Reiseinfos. Durch die Integration von Sprach- und Stadtführer in einem Produkt, ergänzt mit Kartenmaterialien und mobilen Umgebungsinformationen empfindet er großen Mehrwert (ebd.). Für Möllers dränge sich der Zusatznutzen eines digitalen Reiseführers bei entsprechender technischer Umsetzung durch Verlinkungen etc. für jeden Nutzer sogar förmlich auf (Möllers, Anhang C d., S. 122).

Auch **Kinderbücher** erscheinen Möllers aufgrund ihrer Illustrationsstärke und der komplexen Layouts prädestiniert. Das Genre böte nicht nur unendlich viele, sondern auch „sinnvolle Möglichkeiten zur Interaktion und für Enhancements" (ebd., S. 121). Kinderbücher liegen auch für Kiefer nahe, da die nachwachsenden Generationen aus seiner Sicht „bereits eine ganz eigene digitale Ästhetik" entwickelt hätten (Kiefer, Anhang C c., S. 117). Auch Frau X empfindet diese Warengruppe als tauglich (Frau X, Anhang C a., S. 101).

Lehrbücher und „Titel, die aus einem didaktischen Ansatz heraus in ein elektronisches Umfeld transferiert werden können", sind für sie ebenfalls dienlich (ebd.). Auch Naumann teilt diese Ansicht (Naumann, Anhang C e., S. 130). Kiefer postuliert, dass Lehrer im Schulunterricht mit traditionellen Schulbüchern bald nicht mehr weit kämen (Kiefer, Anhang C c., S. 117). Er führt dreidimensionale Grafiken, die oft mehr sagen könnten als drei Seiten Text, als verdeutlichendes Beispiel an (ebd.).

Der **Bildband** wird von Hesse als „ein wunderbares Objekt, um es zu bereichern" an-gesehen (Hesse, Anhang C b., S. 107). Kiefer nennt weiterhin **Spielbücher** mit alter-nativen Handlungssträngen (Kiefer, Anhang C c., S. 117). Er prognostiziert außerdem großes Potential, wenn im Sinne von *Gamification* spielerische Elemente, die u.a. zu einer Belohnung führen, zum Text hinzukommen (ebd.).

Obwohl die Angebotserhebung eine Eignung vermuten lässt, ist die Haltung der Exper-ten gegenüber **Belletristik** eher skeptisch. Hesse und Möllers schließen die Tauglich-keit – mit der Ausnahme, dass es „manchmal zur Geschichte passt" (Hesse, Anhang C b., S. 107) – als geeignete Warengruppe eher aus (Möllers, Anhang C d., S. 122). „Bel-letristische Anreicherung ist schwierig und manchmal auch langweilig", gibt auch Naumann zu bedenken (Naumann, Anhang C e., S. 131). Dadurch einen neuen Kaufanreiz zu schaffen, sieht er nicht immer gegeben (ebd.). Nöth ist hingegen der Meinung: „Alles kann, nichts muss" (Nöth, Anhang C f., S. 135). Konform mit Naumann schließt sie jedoch jene Titel aus, die zum linearen Lesen konzipiert wurden, da eine Anreicherung somit eher als störend empfunden werde (ebd.).

7.1.2 Erfolgsversprechende Produktmerkmale

Die Experten sind sich einig, dass enriched E-Books sehr schnell überladen und Anrei-cherungen vom Leser als Störfaktor wahrgenommen werden können (u.a. Hesse, An-hang C b., S. 108; Möllers, Anhang C d., S. 121). Es komme auf die Dosis an und Verlage müssten darauf achten, was Sinn mache oder was hingegen keinen Mehrwert bringe, findet Hesse (Hesse, Anhang C b., S. 105). Die Verlegerin verweist weiterhin auf eine Anpassung dieser Dosis innerhalb der Ziel- und Warengruppen (ebd.). Nöth macht darauf aufmerksam, dass die Grenze zwischen Mehrwert und Überladung für den Leser oft fließend sei und erschwerend noch sehr individuell empfunden werde (Nöth, Anhang C f., S. 135).

Insbesondere bei der Belletristik wurde die Eignung zur Anreicherung bereits zur Dis-position gestellt. Laut Experten ist sie vor allem deshalb nicht zielführend, da bei belle-tristischen Titeln meist der streng lineare Lesevorgang vordergründig sei (u.a. Kiefer, Anhang C c., S. 113; Nöth, Anhang C f., S. 135). Naumann verweist auf das Konzept des „unterbrechungsfreien Lesens" ohne Störungen durch Ton, Bild oder gar Werbung und bezeichnet es als „Gegenkonzept zu dem, was wir mit den enriched E-Books tun" (Naumann, Anhang C e., S. 130). Wenn man beispielsweise die Thomas Mann Werk-ausgabe lesen wolle, bringe eine animierte und interaktive Ausgabe dem Leser nichts, da es eher den Lesefluss störe, skizziert Kiefer (Kiefer, Anhang C c., S. 113). Im Ge-genzug dazu empfindet er die Bebilderung und multimediale Ergänzungen von Thomas Manns Biographie als „sinnvoll" (ebd.).

So schwer die Frage nach der „richtigen Dosis" an Anreicherung zu beantworten ist, so diffizil ist es auch für die Verlage einzuschätzen, welche Art der Anreicherung den erhofften Mehrwert und damit einen Kaufanreiz für den Kunden verleiht. Im Zuge der Begriffsabgrenzung wurde von Hesse und Kiefer aus der Perspektive der Zusatzmedien bereits eine Bedingung hinsichtlich der Qualität des Materials gestellt: Ein wirklicher Mehrwert für den Kunden entstehe nur dann, wenn die Anreicherung einen Zusatz an Information und nicht parallel den gleichen Inhalt als bloße Dopplung der bestehenden Information wiedergebe. Naumann ergänzt diese Sichtweise: Bei *Rowohlt* wolle man keine Inhalte, „die bei *YouTube* oder anderswo schon längst und umsonst" zu haben sind duplizieren, vielmehr solle das Material selten oder gar exklusiv sein (Naumann, Anhang C e., S. 131).

Möllers identifiziert einen Mehrwert allgemein in Features, die das „Leseerlebnis wirklich bereichern und unterstützen" (Möllers, Anhang C d., S. 121). Als Beispiel nennt er Landkarten, die verdeutlichen, wo sich die Handlung gerade abspielt oder Personencharakterisierungen, die dem Leser wichtige Eigenschaften oder Bedeutungen einer Figur zurück ins Gedächtnis rufen können (ebd.). Keine Bereicherung des Leseerlebnisses sei für ihn hingegen „dass Herr Möllers sein eigenes Buch gut findet und dies in einem Video kundtut" (ebd.). Aus der funktionalen Perspektive heraus sieht Möllers bereits „E-Book-spezifische Funktionalitäten, in einem ganz basalen Sinn" als unverzichtbar an, damit das enriched E-Book am Markt bestehen kann (ebd.). Weiterhin müsse ein enriched E-Book selbsterklärend sein, ansonsten sei es schlecht gemacht, postuliert Kiefer (Kiefer, Anhang C c., S. 118). Er erklärt:

> „Ein Produkt muss ausgehend von der User Experience konzipiert werden und es muss bedacht werden, was das Standardverhalten der Zielgruppe ist. Ohne dieses Konzept kann ein Produkt kein Erfolg werden." (ebd.).

Das Empfinden und die Wahrnehmung des Kunden stellen auch die übrigen Experten als Erfolgsrezept vorne an (u.a. Hesse, Anhang C b., S. 107). Der Nutzen müsse sich dem Leser sozusagen aufdrängen, exponiert Möllers (Möllers, Anhang C d., S. 122). Frau X verdeutlicht:

> „Auf Kundenseite sollte im Ergebnis klar erkennbar sein, weshalb er jetzt zusätzlich oder anstatt des gedruckten Buches die elektronische Variante kaufen soll. Der Kunde sollte wirklich das Gefühl haben, dass er einen Mehrwert bezieht. Einen Mehrwert, der für ihn anhaltend ist" (Frau X, Anhang C a., S. 107).

Nöth schätzt Anreicherungen an den Stellen als angebracht ein, wo die Macher eines enhanced E-Books dem Leser ein potentielles Informationsbedürfnis – z.B. mittels Nachschlagefunktion – vorwegnehmen (Nöth, Anhang C f., S. 135). Dieses Kriterium schließt an ihre Aussage an, dass der Leser ein Bedürfnis nach angereicherten Inhalten oft noch nicht kenne. Weiterhin sei nicht nur die Auswahl des Anreicherungsmaterials, sondern auch dessen Platzierung von großer Bedeutung (ebd.). Da die Grenze von Mehrwert und Überladung fließend und individuell wahrgenommenen werde, müsse bereits bei der Konzeption die grundlegende strukturelle Entscheidung gefällt werden, ob die Anreicherung in den Text integriert werde oder am Ende additiv hinzukomme (ebd.). Der Leser könne so „nach individuellem Ermessen mit dem Inhalt agieren" (ebd.).

Um dem Nachteil der Endgeräte entgegenzuwirken, macht Nöth auf eine Variante aufmerksam, die jedem Abspielgerät gerecht wird: Kann ein Lesegerät die Inhalte nicht wiedergeben, kommen sog. *Fall-Backs* zum Tragen (ebd., S. 138). Statt einer bloßen Fehlermeldung werden alternative Dateien oder Verweise – in aller Regel Links ins Internet – angezeigt, wo der Leser das Multimediamaterial abrufen kann (ebd.).

Den Erfolg eines enriched E-Books machen die Experten weiterhin maßgeblich von der Denkweise des Lektorats abhängig und sie akzentuieren, dass Verlage vor allem einen Lektor brauchen, der das Werk von Anfang an medial denkt. Diese Herausforderung einer neuen Denk- und Arbeitsweise wird unter 7.4 näher behandelt.

7.2 Produktion

Nachdem das enriched E-Book inhaltlich konzipiert wurde, geht es in die Produktion. Im Folgenden wird dargestellt, woher die medialen Zusatzinhalte kommen und wie die technische Umsetzung gestaltet werden kann. Da die Produktion von enriched E-Books maßgeblich durch finanzielle Ressourcen beschränkt wird, werden weiterhin die größten Kostentreiber identifiziert.

7.2.1 Inhaltebeschaffung

Bezüglich der Frage nach der Herkunft der zur Anreicherung verwendeten Multimediainhalte decken sich die Aussagen der Interviewpartner mit der Ergebnisauswertung und Interpretation der Angebotserhebung. Nach Erfahrung der Experten versuchen Verlage soweit es geht auf bereits vorhandenes Material zurückzugreifen (u.a. Hesse, Anhang C b., S. 108; Möllers, Anhang C d., S. 131). Illustrierte Bücher eigneten sich dafür besonders, denn die Integration einer Animation in ein Bild werde über neu gezeichnete Sequenzen ermöglicht, erklärt Frau X (Frau X, Anhang C a., S. 102). Verlage könnten so eine Anreicherung im Kontext des bestehenden Inhaltes erreichen (ebd.). Müssen Inhalte neu geschaffen oder beschafft werden, werde häufig in Eigenregie produziert oder Rechte eingekauft, berichtet Naumann (Naumann, Anhang C e., S. 132). Dennoch: „Einen Film zu drehen oder eine Audio-Datei zu produzieren ist sehr aufwendig" und gerade Filmrechte einzukaufen oder zu lizensieren sei teuer, ergänzt Hesse (Hesse, Anhang C b., S. 108). Nöth sieht die Lösung daher in kostensparenden Kooperationen (Nöth, Anhang C f., S. 137).

Zusammenfassend lässt sich die Contentbeschaffung als ein Mix aus Zu- und Einkaufen von Verwertungsrechten sowie Eigenproduktion von Inhalten beschreiben. Naumann betont, dass Verlage bei der Produktion alle Varianten im Kopf haben sollten, um sie kreativ und mit viel Phantasie bei jedem einzelnen Projekt anzuwenden (Naumann, Anhang C e., S. 131).

7.2.2 Technische Umsetzung

Bevor die technische Umsetzung eines enriched E-Books beleuchtet wird, drängt sich die Frage des Ausgabeformates auf. Unter 2.2.2 wurden mögliche Dateiauszeichnungen wie PDF, EPUB 3 oder *Apples* Fixed Layout behandelt. Weiterhin wurde dort und unter 6.2 bereits verdeutlicht, dass die aktuelle Generation an Lesegeräten (insbesondere die E-Reader) die adäquate Anzeige der Inhalte kaum bzw. nur beschränkt leisten kann.

Die technische Umsetzung eines angereicherten E-Books beinhaltet sowohl die Konvertierung in ein bestimmtes Ausgabeformat als auch die funktionale Programmierung wie z.B. das Hinterlegen von internen und externen Hyperlinks oder Fall-Backs sowie die Einbettung der Multimediainhalte. Beide Aspekte sollten bereits bei der Konzeption berücksichtigt werden.

Das technische Know-how innerhalb der Verlage bezüglich Konvertierung und Formatierung von angereicherten E-Books ist momentan als sehr gering einzuschätzen. Sowohl die Verlage *X* (Frau X), *E-Lectra* (Hesse) als auch *Rowohlt* (Naumann) lassen ihre E-Books von einem Dienstleister programmieren (Frau X, Anhang C a., S. 102; Hesse, Anhang C b., S. 108; Naumann, Anhang C e., S. 132) „Eine Basis-Umsetzung wie zum Beispiel die Integration von einer Audio- oder Video-Datei" sei oft auch noch im Haus zu bewältigen, „aber bei größeren Projekten wird generell noch viel outgesourct", erklärt Nöth stellvertretend (Nöth, Anhang C f., S. 137).

7.2.3 Kostentreiber

Obwohl der E-Book-Markt mit erheblichen Sprüngen nach oben wächst (siehe 2.2.1), werde dort „noch kein glorreicher Umsatz gemacht" und auch der Enriched-Sektor sei noch nicht rentabel, berichtet Naumann (Naumann, Anhang C e., S. 131). Bei *Rowohlt* sei man sich bewusst, dass man sich in einer Lernphase befinde. Das hieße ausprobieren und auch investieren, aber vor allem „die Kosten im Rahmen zu halten", erklärt er weiter (ebd.). Auch Hesse mahnt: „Verlage können im Moment vieles machen, es kostet jedoch eine Menge Geld" (Hesse, Anhang C b., S. 107).

Den finanziellen Hauptaufwand und somit den größten Kostentreiber sehen die Mehrzahl der Experten in der funktionalen Anreicherung bzw. technischen Entwicklung und Dateiauszeichnung für die Lesegeräte (Frau X, Anhang C a., S. 102; Hesse, Anhang C b., S. 111; Möllers, Anhang C d., S. 123; Naumann, Anhang C e., S. 132). Mit Ausnahme von Naumann, der die Beschaffung von medialen Inhalten als „mal teuer und mal nicht ganz so teuer" kalkuliert (ebd.), erwähnt nur Nöth die Zusatzinhalte und deren Erstellung bzw. Lizensierung explizit als Kostentreiber (Nöth, Anhang C f., S. 138). Auch wenn Hesse darin nicht den Hauptkostenaufwand sieht, weiß sie dennoch um die hohen Kosten der Produktion von Inhalten (Hesse, Anhang C b., S. 108).

Des Weiteren identifiziert Nöth den Umgang mit der durch das Wachstum des zu steuernden Apparates stetig ansteigenden Komplexität als indirekten Kostentreiber (Nöth, Anhang C f., S. 138).

7.3 Vertrieb

Unter 6.3 wurde bereits das Mediennutzungsverhalten der Rezipienten in Bezug auf angereicherte Leistungsangebote beleuchtet. Weiterhin haben die Preisgestaltung der Produkte sowie das marketingstrategische Agieren der Verlage und deren Kommunikationspolitik maßgeblichen Einfluss auf das Konsumverhalten und somit auf den Erfolg von enriched E-Books. Beide Punkte werden in diesem Abschnitt eingehender behandelt.

7.3.1 Preissetzung

Möllers belegt, was bereits unter 2.2.3 als wachstumshemmender Faktor für das digitale Buchsegment erarbeitet wurde: Die Leser wüssten, dass das Buch weder gedruckt, noch gelagert oder geschifft werde und „daher muss am Ende ein signifikanter Preisunterschied für den Kunden rauskommen" (Möllers, Anhang C d., S. 123). Natürlich stecke mehr als nur die reinen Konvertierungskosten dahinter, aber es sei „immer noch ein riesen, ein riesen (*betont*) Unterschied zu einem Minimum von 5.000 Exemplaren", welche Verlage für einen rentablen Stückpreis drucken müssten (ebd., S. 124). Frau X sieht das anders. Bereits die 1:1 Übertragung der gedruckten in eine digitale Ausgabe müsse auf dem gleichen Preisniveau wie diese angesetzt werden, da es sich um den gleichen Inhalt handele (Frau X, Anhang C a., S. 103). Die hinzukommende Contentaufbereitung bei Anreicherung verlange somit eine neu anzusetzende Preisgestaltung (ebd.). Beide Ansichten und Umsetzungen der Preisfestsetzung wurden in der Angebotserhebung identifiziert (siehe 5.2.1). Naumann gibt ferner zu bedenken, dass es das Pricing nicht nur den enriched E-Books schwer mache, sondern es sei im elektronischen Segment ein Grundsatzproblem, da „viele Kunden immer noch denken, digitale Produkte müssten eigentlich umsonst sein, so wie *YouTube, Google* und *Wiki-pedia"* (Naumann, Anhang C e., S. 128).

Dennoch hat Möllers – im Gegensatz zur App, die von den Kunden bereits ab einem Preis von 1,79 Euro als zu teuer empfunden werde – bei der Preisgestaltung von angereicherten E-Books positive Erfahrung gemacht (Möllers, Anhang C d., S. 123). Er findet, „dass Verlage für Enhancements, die vom Kunden als sinnvoll und Mehrwert empfunden werden" einen höheren Preis als den der überführten Textdatei verlangen können (ebd.). Doch obwohl er Anreicherung als ein Argument für ein höheres Entgelt sieht, könne dieses trotz Mehrwert nur bei 70 oder 75 Prozent des Printpreises liegen (ebd., S. 124). Hesse berichtet von nachweislichen Bereitschaften auf Plattformen wie *iTunes* oder im *iBook-Store*, „mehr als zehn Euro für ein enriched E-Book auszugeben" (Hesse, Anhang C b., S. 109). Dennoch sieht sie durch die Anreicherung nicht das Argument gegeben, vom Kunden mehr Geld als für die Printausgabe verlangen zu können (ebd.).

Rowohlts Preisstrategie ist offensiver. Trotz der hohen Preissensibilität des Kunden argumentiert Naumann, dass eine Anreicherung und die daraus resultierenden Kosten einen höheren Verkaufspreis als das Printbuch beziehungsweise als das einfache E-Book nicht nur rechtfertigten, sondern auch notwendig machten (Naumann, Anhang C e., S. 132).

Ganz anders sei die Strategie bei *Hoffmann und Campe*, berichtet Nöth. Dort werden angereicherte Versionen nicht höher bepreist als es beim Text-only-E-Book der Fall sei (Nöth, Anhang C f., S. 138). Weiterhin gebe es aber auch keine verschiedenen E-Book-Ausführungen, wie z.B. ein reines E-Book neben der angereicherten Version (ebd.). Der Mehrwert werde somit nicht teurer oder extra verkauft, sondern könne als Zusatz angesehen werden (ebd.).

7.3.2 Kommunikationspolitik

Im Folgenden wird skizziert, wie Verlage enriched E-Books kommunikationspolitisch lancieren. Es wird eine Vielfalt an Namen und Bezeichnungen aufgezeigt, die neben den erörterten Problemen zusätzlich für eine Verwirrung des Kunden sorgt. Außerdem werden die derzeitigen Werbe- und PR-Maßnahmen der Verlage dargestellt.

7.3.2.1 Namenskonzept

Es wurde bereits erarbeitet, dass eine Begriffsabgrenzung für enriched E-Books nur schwer zu leisten ist. Die Angebotserhebung hat weiterhin die Verwendung vieler verschiedener Namensvarianten für angereicherte E-Books aufgezeigt („enriched", „enhanced", „multimedial", „E-Book plus", „interaktiv", usw.). Dabei konnte kein branchenübergreifender Konsens bzw. keine Systematik mit Hintergrund identifiziert werden. Somit liegt nahe, hier von einem Begriffschaos zu sprechen.[33] Obendrein ist die Online-Suche nach angereicherten E-Books für den Kunden so gut wie nie ohne größeren Suchaufwand zu leisten.

„Man (...) muss eigentlich mit hundert Millionen Begriffen und Bezeichnungen suchen. *Buch mit Video, Buch mit Audio, enriched, enhanced, E-Book plus*", fasst Hesse die Situation für den Kunden zusammen (Hesse, Anhang C b., S. 105). Dennoch stellt die Verlegerin in Frage, ob das Problem wirklich so groß sei, da der Kunde nicht immer explizit nach einem enriched E-Book suche: „Ich suche zum Beispiel nach einem Reiseführer und freue mich, wenn noch etwas Zusätzliches dabei ist" (ebd.).

Naumann sieht in diesem Status Quo hingegen einen Grund für die große Verunsicherung des Kunden, „gerade weil alles so neu ist. Da muss eine Klärung für den Kunden her, was er gerade eigentlich für ein Produkt vor sich hat und welche Varianten er kaufen kann" (Naumann, Anhang C e., S. 133). *Rowohlt* habe in diesem Zuge Mitte März 2013 eine Umbenennung der Produkte vorgenommen, um das Angebot übersichtlicher für den Kunden präsentieren zu können (ebd.). Ein einheitliches Namenskonzept im Gegensatz zu den „extrem sperrigen Namen" und eine Einigung auf einen passenden Begriff sind auch für Nöth zu begrüßen (Nöth, Anhang C f., S. 136). Doch so etwas ließe sich nicht so einfach beschließen, befürchtet sie (ebd.). „Das Chaos wird uns noch eine Weile begleiten", ist sich auch Möllers sicher (Möllers, Anhang C d., S. 119).

7.3.2.2 Werbung und Public Relations

Einen sehr problematischen Punkt sieht Hesse darin, dass die neuen Produkte kaum von den Verlagen kommuniziert werden und konstatiert: „So richtig darüber gesprochen wird nicht" (Hesse, Anhang C b., S. 106). Naumann berichtet von Endkunden und Sortimentern, die noch gar nicht wüssten, was sich an digitalen Produkten entwickelt habe (Naumann, Anhang C e., S. 128). Er identifiziert in der bisher dürftigen Resonanz für angereicherte E-Books in der Presse und generell in der Öffentlichkeit ein dringendes kommunikationspolitisches Problem (ebd.) Dies führt er auf „ungeklärte Kommuni-

---

[33] An dieser Stelle wird auf ein (theoretisches) Namens- und Abgrenzungskonzept von verschiedenen E-Book-Versionen verwiesen, welches im Rahmen dieser Arbeit entstanden ist (siehe Anhang B).

kationswege" zurück, die sowohl Verlage als auch Händler, Journalisten und Endkunden betreffen (ebd.). Weiterhin fielen die Produkte für die Feuilletons eher zwischen alle Stühle, da es weder richtige Bücher noch richtige Filme oder Hörbücher seien (ebd.) Es habe nur eine einzige größere Besprechung im überregionalen Feuilleton gegeben, seit *Rowohlt* vor zweieinhalb Jahren mit enriched E-Books an den Markt ging, konkretisiert Naumann (ebd.). Gleichzeitig schreibt er der Fachpresse ein deutlich größeres Interesse und auch häufigere und umfangreichere Berichterstattung zu (ebd.). Hesse nimmt jüngst vermehrt Presseartikel über Anreicherung im Kinder- und Jugendbuchbereich wahr, „im Erwachsenen-Bereich eher weniger", berichtet sie (Hesse, Anhang C b., S. 106). Doch genau das gelte es jetzt zu ändern, „da gehört genauso Marketing- und Pressearbeit dazu wie bei anderen Produkten auch" (ebd.).

Weiterhin sei das reine E-Book-Marketing an sich schon einmal kein leichtes, gibt sie zu bedenken (ebd.). Auch Kiefer bewertet dies als generelles Problem (Kiefer, Anhang C c., S. 118). Da der etablierte Kommunikationsprozess des Printproduktes weder auf das E-Book „und schon gar nicht auf enhanced E-Books' übertragbar sei, stelle man sich auch bei *Rowohlt* die Frage, wie und wo Verlage enriched E-Books anbieten und wie und wo diese propagiert werden können, erzählt Naumann (Naumann, Anhang C e., S. 128).

Frau X und Nöth sehen insbesondere das Problem der Endgeräte und deren Wiedergabebeschränkung als Hindernis für effektives Marketing. Verlage könnten zwar Marketing machen, aber wenn die Lesegeräte das aufwendig angereicherte E-Book nicht abspielen könnten, dann nütze auch das Marketing nichts, konstatiert Frau X (Frau X, Anhang C a., S.101). Nöth resümiert:

> „Gleichzeitig ist es ein noch sehr erklärungsbedürftiges Format. Kaum jemand weiß, was ein enhanced E-Book überhaupt ist (...). Zweitens muss man beim Marketing noch extreme Einschränkungen kommunizieren beziehungsweise Empfehlungen hinterherschicken, welche Lesegeräte sich am besten zur Wiedergabe eignen. Man müsste so viel erklären, dass Marketing viel zu kompliziert wird und man mit hohen Streuverlusten rechnen muss. Zumal man die Zielgruppe noch nicht gut kennt" (Nöth, Anhang C f., S. 135).

7.4 Workflow

Bisher wurde bewusst darauf verzichtet, die einzelnen Arbeitsschritte bestimmten Verlagsabteilungen zuzuordnen oder eine übergeordnete Organisations- und Ablaufstruktur zu skizzieren. Beides wird im anschließenden Abschnitt geschehen. Ferner wird aufgezeigt, dass die Produktion von angereicherten E-Books dem Personal nicht nur technische Kompetenzen, sondern auch eine neue multimediale Denkweise abverlangt. Außerdem wird der Ansatz betrachtet, ein E-Book von Anfang an als „Enriched-Only" zu konzipieren.

7.4.1 Personal

Kiefer nimmt die Branche, die alternative Ausgabeformate neben dem Printbuch nur als Variante oder Sekundarisierungsform empfinde, als sehr buchbezogen wahr (Kiefer, Anhang C c., S. 115). Das Selbstverständnis der Verlage beziehe sich noch zu stark auf Printprodukte und sie würden sich nicht als digitale oder multimediale Medienhäuser sehen (ebd., S. 116). Auch für Möllers ist es im Moment „eher noch der Normalfall, dass der ganze Apparat nur Print denkt" (Möllers, Anhang C d., S. 123). Allgemein herrsche eine „Denkweigerung" innerhalb der Verlage vor und die digitale Produktion werde eher als Zwang denn als Chance wahrgenommen (ebd., S. 120). Hierin erkennt Möllers Barrieren für eine zukunftsstarke Entwicklung (ebd.). Nöth berichtet leicht resigniert: „Manchmal hat man das Gefühl, dass ‚Digital last' und nicht ‚Digital first' neben dem Alltagsgeschäft gilt" (Nöth, Anhang C f., S. 137).

Vor allem in einer multimedialen Denkweise, „die im Produktionsprozess viel früher stattfinden" müsse, sieht Möllers eine neu aufzubauende Kernkompetenz aller Verlagsmitarbeiter (Möllers, Anhang C d., S. 123). Für Nöth bedeutet ein multimediales Denken aber auch, dass bereits der Autor eine Anreicherung in Betracht zieht und nicht erst im Nachhinein über die Möglichkeiten diskutiert werde (Nöth, Anhang C f., S. 136). Vor allem der Lektor müsse durch die neue Denkweise von Anfang an wissen, wie das Projekt in Print, elektronisch oder gar als Kinofilm aussehe, postuliert Möller (Möllers, Anhang C d., S. 123). Auch für Frau X ist die Beteiligung des Lektors an der inhaltlichen Anreicherung unabdingbar (Frau X, Anhang C a., S. 102). Außerdem sei der Erwerb neuer Kompetenzen im Bereich Multimediainhalte und deren Rechtebeschaffung unverzichtbar, ergänzt Naumann (Naumann, Anhang C e., S. 130). Ob ein Inhalt mit Rechten belegt sei, wo diese eingeholt werden müssten und auch deren Wertigkeit bzw. Preis seien neu zu klärende zentrale Fragen (ebd.). Für ihn steht fest, dass enriched E-Books sich auch auf die Aufgabenfelder der übrigen Abteilungen des Verlages, „von der Presse- bis zur Vertragsabteilung" auswirken werden (ebd.).

> „Für die Mitarbeiter in den Verlagen sind angereicherte E-Books ein Feld, in dem sie Kompetenz und Know-how erst erwerben müssen. Viele Berufsbilder in unserer Branche werden sich radikal verändern. (...) Also müssen Wege gefunden werden, die Mitarbeiter fortzubilden und zu qualifizieren. Ein weites Feld..." (ebd.).

7.4.2 Ablauf- und Organisationsstrukturen

Für Frau X beginnt mit dem enriched E-Book ein ganz neues, eigenständiges Projekt, was losgelöst von der Printversion gesehen werden müsse (Frau X, Anhang C a., S. 102). Im besten Fall liefe die Umsetzung der enriched E-Books parallel zu jener der Printversion, findet Nöth (Nöth, Anhang C f., S. 137). Kommt es jedoch zu einer nachträglichen Anreicherung, ohne dass das Werk bereits medial und interaktiv vom Autor entworfen wurde (siehe 7.4.3), ist es für Möllers der Idealfall, wenn die konzeptionelle Idee aus dem Lektorat oder den Verlagen an sich komme (Möllers, Anhang C. d., S. 122). Er – in der Rolle des Dienstleisters – erlebe jedoch oft noch den Fall, dass Verlage ohne Vorschläge, Konzept oder gar Bewusstsein über die Zielgruppe zum Dienstleister gingen und somit nicht nur die technische Umsetzung, sondern bereits die Konzeption von angereicherten E-Books outsourcten (ebd.). Bei einer nachträglichen Anreicherung müssten jedoch viele Schritte wieder von vorne beginnen (ebd., S. 123). Bei einem Kinderbuch hätte sich der Illustrator z.B. von Anfang an bewusst sein müssen, dass Sequenzen animiert werden, um die Daten dementsprechend abzuspeichern und bereitstellen zu können, erläutert er (ebd.).

Die Organisationsstruktur betreffend verspürt Naumann eine Verunsicherung beim Verlagspersonal. Diese resultiere nicht nur aus fehlenden Kompetenzen, sondern habe ihren Ursprung vor allem in ungeklärten Arbeitsabläufen und Zuständigkeiten (Naumann, Anhang C e., S. 129). Für viele Mitarbeiter sei nicht klar, an wen sie sich mit welchem Belang wenden müssten (ebd.). Nöth unterscheidet diesbezüglich zwei grundsätzliche Tendenzen, wie Verlage das Projektmanagement eines enriched E-Books angehen können (Nöth, Anhang C f., S. 137). Auf der einen Seite könne man, wie es z.B. bei *Bastei Lübbe* der Fall sei, eine eigene Abteilung etablieren, die das Projekt losgelöst vom Lektorat anreichert und alle digitalen Kompetenzen bündelt. Dies ermögliche schnelle und handlungsfähige Abläufe. Die andere Variante sei die Schaffung von abteilungsübergreifenden Workflows mit einer zentralen Projektleitung, wie z.B. bei *Hoffmann und Campe*. Auch wenn Nöth hier Nachteile wie einen hohen Kommunikationsaufwand oder zu träge Abläufe eingesteht, überzeugt sie vor allem der Vorteil, dass das zentrale, digitale Know-how in alle Abteilungen des Verlages gebracht wird. Auch Naumann sieht in dieser vernetzenden Arbeitsweise einen großen Nutzen: Jeder bei *Rowohlt* solle das Prinzip und die Funktionsweise von (enriched) E-Books verstehen, sodass „irgendwann das ganze Haus qualifiziert sein wird, solche Produkte herzustellen" (Naumann, Anhang C e., S. 132).

7.4.3 Enriched-Onlys

Unter 7.4.1 wurde aufgezeigt, wie wichtig eine mediale Denkweise aller am Produktionsprozess Beteiligten ist und warum der Gedanke der Anreicherung so früh wie möglich – am besten schon bei der Erarbeitung des Manuskriptes von Seiten des Autors – auf das Buch angewendet werden sollte. Alle Experten sind sich einig, dass gerade jene enriched E-Books sehr erfolgreich werden können, die nicht als Printbuch, sondern von vornerein als angereicherte Digitalausgabe konzipiert wurden (im Folgenden als *Enriched-Onlys* bezeichnet).

Für Möllers liegt diese Entwicklung auf der Hand, da sich bereits der E-Book-Only-Trend durchsetzte und auch die Enriched-Onlys bei ansteigender Größe und Volumen des E-Book-Markts eine logische Konsequenz für Verlage seien, das Risiko einzuschränken „auf hohen Produktions- und Lagerkosten von Printexemplaren" sitzenzubleiben (Möllers, Anhang C d., S. 122). Auch Frau X und Hesse können sich eine rein angereicherte Konzeption sehr gut vorstellen. Frau X nimmt vor allem den „umgekehrten Weg", den Verlage momentan bestreiten, als den unglücklicheren wahr (Frau X, Anhang C a., S. 101). „Wenn man Konzepte für die Endgeräte machen und die medialen Möglichkeiten ausnutzen würde, dann käme man auf andere Inhalte-Zusammenstellungen", ist sie überzeugt (ebd.). Auch Hesse empfindet das Enriched-Only-Konzept viel stringenter, als aus mehreren Produkten eins zu machen (Hesse, Anhang C b., S. 108). Ebenso hofft Nöth, dass die Entwicklung hin zu angereichert konzipierten E-Books einsetzt, macht diese aber explizit von der veränderten Denkweise sowohl bei Verlagen als auch bei Autoren abhängig. Für sie liegt die Hoffnung „in einer neuen Autorengeneration, die von Anfang an für das digitale Format schreibt" und sich der verschiedenen Anreicherungsmöglichkeiten bewusst sei (Nöth, Anhang C f., S. 136).

8. Empirie Teil IV: Marktpotential angereicherter E-Books

Aufbauend auf der Beschreibung der aktuellen Marktsituation sowie der Herausforderungen während der Wertschöpfung angereicherter Leistungsangebote werden nun weitere Faktoren analysiert, die das Wachstum des enriched E-Book-Sektors bedingen. Neben der Erörterung zwei zentraler Aspekte der Nachfrageentwicklung wird abschließend die Einschätzung des Marktpotentials aus Expertensicht dargelegt.

8.1 Nachfrageentwicklung

Wie sich die Nachfrage nach angereicherten E-Books in den nächsten Jahren entwickelt, hängt maßgeblich von der Akzeptanz der Verbraucher bzw. Leser ab. Außerdem spielt die zukünftige Preisgestaltung, auch unter Berücksichtig alternativer Zahlungsmodelle, eine wichtige Rolle.[34]

8.1.1 Konsumentenerschließung

Da das enriched E-Book durch seine Multimedialität und Interaktivität eine sehr moderne und zeitgerechte Art von Buch ist, stellt sich die Frage, ob durch die Produktdifferenzierung eine Zielgruppenerweiterung stattfinden kann. Doch durch die Anreicherung von E-Books bisherige Nicht- oder Wenig-Leser und buchferne Gesellschaftsgruppen zum Lesen zu bewegen, schließt vor allem Möllers aus (Möllers, Anhang C c., S. 124). Vielmehr böten angereicherte E-Books eine Möglichkeit, alte Kunden zu behalten, finden er und Nöth (ebd.; Nöth, Anhang C f., S. 138). Auch Frau X stimmt zu, da sie bei enriched E-Books „die gleiche Zielgruppe wie sonst auch" sehe (Frau X, Anhang C a., S. 103). Ferner verweisen sowohl Naumann als auch Hesse und Möllers auf nachwachsende Generationen, die durch angereicherte E-Books als Konsumenten gehalten werden können und nicht zu anderen Medienprodukten abwandern (Hesse, Anhang C b., S. 110; Möllers, Anhang C c., S. 124).

> „Wenn ich mir angucke, wie jüngere Menschen mit technischen Geräten und Medien umgehen, nehme ich einen starken Veränderungsprozess des aktiven Umgangs mit diesen Medien und auch der Konsumgewohnheiten wahr. Der Umgang ist für Jüngere ganz selbstverständlich, und Multimediales ist gewollt" (Naumann, Anhang C e., S. 129).

Nöth akzentuiert, dass kommende Lesergenerationen eine Lücke zwischen Inhalt und Trägermedium nicht zuließen und diejenigen Informationen, die auch über das Lesegerät abgerufen werden könnten, im Buch voraussetzen (Nöth, Anhang C f., S. 136). Durch diese wahrnehmbaren Prozesse geht Hesse fest davon aus, dass sich die Zurückhaltung der Marktteilnehmer gegenüber angereicherten E-Books legen wird (Hesse, Anhang C b., S. 107).

Lediglich Hesse und Kiefer können sich auch neue Zielgruppen vorstellen, die durch das enriched E-Book zum Lesen animiert werden. Hesse verweist auf die Generation der Rentner, für welche ein „Mehrwert noch eine Überraschung" sein könnte und sieht die Möglichkeit, diese als neue Zielgruppe anzuvisieren (ebd., S. 110). Da Kiefer vor

---

[34] Die Untergliederung der Nachfrageentwicklung ist mit dem Hintergrund entstanden, dass das Ziel eines Unternehmens ist Umsatz- bzw. Gewinnsteigerung ist. Der Umsatz setzt sich aus Menge (=Konsumentenerschließung) mal Preis (=Preisgestaltung) zusammen. Für die Berechnung des Gewinns müssen zusätzlich die Gesamtkosten der Produktion abgezogen werden.

allem spielerischen Elementen in Multimediaformaten großen Erfolg verspricht (siehe 7.1.1), sieht er die Möglichkeit für neue Käufergruppen ähnlich der *Casual Gamer* (Gelegenheitsspieler) (Kiefer, Anhang C c., S. 118). Dies sind ehemals Gaming-fremde Personen, die durch leicht zugängliche, intuitive Spiele (u.a. *Farmville* auf *Facebook*) zum Spielen animiert werden.

Nöth reflektiert die Frage nach Zielgruppenpotentialen ergänzend noch aus einer anderen Perspektive. Neben den Lesern seien es auch die Autoren, die von den Verlagen als Zielgruppe ins Auge gefasst werden müssten (Nöth, Anhang C f., S. 138). Da die Produktion von angereicherten E-Books nicht nur Investitionen sondern auch Know-how erfordert, prognostiziert sie hier großes Potential für die Verlage, gerade in Zeiten des Selfpublishing für Autoren weiterhin attraktiv zu bleiben (ebd.).

8.1.2 Preisgestaltung

Unter 7.3.1 wurden die aktuellen Preisstrategien der Verlage für angereicherte E-Books näher charakterisiert und unterschiedliche Vorgehensweisen aufgezeigt. Da der Erfolg der Verlage maßgeblich von der Preisgestaltung der Produkte abhängt wird an dieser Stelle erörtert, ob ausgehend vom Status Quo Preissetzungsspielräume nach oben denkbar sind. Diese sind besonders wichtig, da es sich bei enriched E-Books um besonders kostenintensive Produkte mit hohen First-Copy-Costs handeln kann.

Möllers sieht jedoch aufgrund der genannten Argumente von Kundenseite (Wegfall der physischen Produktion und des Vertriebs, etc.) keine große Chance für eine höhere Preisgestaltung (Möllers, Anhang C d., S. 123). Auch Naumann schließt die Akzeptanz der Kunden für höhere Preise aus (Naumann, Anhang C e., S. 131). Die E-Book-Preise gingen erwartungsgemäß nicht hoch, sondern runter bzw. pendelten sich dort ein, wo sie im Moment seien, prognostiziert Hesse (Hesse, Anhang C b., S. 108). Obwohl sie es als eine „Frage des Tuns" bezeichnet, sieht sie Spielräume nach oben als nicht gegeben an (ebd.).

Nöth empfindet Anreicherung vielmehr als ein schlagendes Argument, das aktuelle Preisniveau zu halten und das weitere Absinken zu verhindern (Nöth, Anhang C f., S. 137). Anreicherung müsse sich nicht unbedingt auf den Preis niederschlagen, sondern könne vor allem durch die Eigenschaft des Mehrwertes oder gar der Exklusivität als Marketingargument für das digitale Buch funktionieren, argumentiert sie (ebd.). Sie verdeutlicht diesen Gedanken mit der persönlichen Einschätzung, dass sie „zwar nicht unbedingt mehr für eine Bonus-DVD zahlen" würde, diese „aber unter Umständen erst wegen des Bonusmaterials anschaffen" würde (ebd.).

Frau X macht den potentiellen Preisspielraum, ähnlich wie im Print, sowohl vom Produkt als auch von der Zielgruppe abhängig (Frau X, Anhang C a., S. 102). Aus einem Kinderbuch wachse das Kind oft schnell heraus, Bildbände seien hingegen eher zeitlos (ebd.). „Warum also nicht auch einen deutlich höheren Preis verlangen, wenn die Bücher dementsprechend hochwertig aufbereitet" wurden, argumentiert sie (ebd.).

Kiefer und Nöth gehen noch einen Schritt weiter und denken über neue, alternative Zahlungsmodelle nach. Beide sehen den zusätzlichen Erwerb von Material wie z.B. alternativen Handlungssträngen innerhalb des Buches als interessante Erlösvariante (Kiefer, Anhang C c., S. 115; Nöth, Anhang C f., S. x). Dies ist mit den sog. In-App-Purchases vergleichbar. Kiefer führt außerdem Freemium-Modelle als Beispiel an (Kiefer, Anhang C c., S. 115). Hierbei wird dem Konsument ein kostenloser Basisinhalt mit der Option zum kostenpflichtigen Aufstocken der Inhalte angeboten. Auf die Frage, ob er sich App-Erlösmodelle auch für EPUB-Formate vorstellen könne, muss Kiefer dennoch klare Zweifel äußern. Er gibt zu bedenken, dass sich Komponenten wie Payment-Systeme, monetäre Transaktionen oder Abfrage von Kreditwürdigkeiten im Gegensatz zur App nicht leicht in EPUB umsetzen ließen (ebd.). „Aber vielleicht hat EPUB 5 diese Fähigkeiten, wer weiß", stellt er in Aussicht (ebd.). Da In-App-Purchases an Hersteller gebunden seien, könne er sich die Umsetzung z.B. gut bei *Amazon*-Produkten vorstellen (ebd.). Dort sei der Format-Hersteller, der Payment-Träger und der Content-Lieferant in einer Hand, was die Abwicklung neuer Erlösmodelle extrem vereinfache (ebd.).

8.2 Einschätzung des Marktpotentials

Obwohl das angereicherte E-Book sich momentan nachweislich in einer schwierigen Situation befindet und die Zahlen „aus kaufmännischer Sicht deprimierend" sind (Naumann, Anhang C e., S. 133), sind sich die Experten einig, dass sich enriched E-Books nicht nur am Markt etablieren werden, sondern gleichzeitig großes Zukunftspotential innehaben.

„Ich glaube, dass das einfach zum Standard wird und man in Zukunft gar nicht nicht-angereicherte E-Books verkaufen kann", prognostiziert Möllers (Möllers, Anhang C d., S. 121). An dieser Stelle verweist er jedoch erneut auf seine relativ niedrig angesetzte Begriffsabgrenzung: Videos oder Audios brauche er nicht, für ihn seien enriched E-Books „für die Lesegeräte optimierte und mit zusätzlichen Funktionen besetzte E-Books" (ebd.). Dennoch glaubt er, dass das Format irgendwann das wichtigste E-Book sein werde, da sich Standards herauskristallisieren werden, die der Kunde voraussetze und er somit bei der einfachen Abbildung des Printbuches im Digitalen enttäuscht wäre (ebd., S. 124).

Hesse geht besonders aufgrund der oben beschriebenen Entwicklung der Konsumenten von einem großen Marktpotential der enriched E-Books aus (Hesse, Anhang C b., S. 107). Außerdem profitiere das angereicherte E-Book vom „allgemeinen" E-Book-Markt, dessen positive Tendenz deutlich ersichtlich sei (ebd. S. 110). Ferner vergleicht sie die momentane Situation der angereicherten E-Books mit jener der Markteinführung der reinen Text-E-Books und führt das derzeitige, zurückhaltende Konsumentenverhalten auch auf die geringe Anzahl an angereicherten Titeln zurück (ebd., S. 107). „Es muss erst einmal genug auf dem Markt sein, damit Leute in dem Bereich der enriched E-Books auch etwas finden können", exponiert sie (ebd., S. 106). Auch für Nöth steht die positive Zukunft der angereicherten E-Books außer Frage. Den aktuellen Status bezeichnet sie als Zwischenphase „hin zu einem breiteren Markteintritt" (Nöth, Anhang C f., S. 134). Konform mit Möllers hofft sie, dass der Begriff enhanced verschwinde und das Produkt als eigenständige elektronische Form, deren Inhalt sich passend zum Trägermedium verhalte, als das „normale" E-Book angesehen werde (ebd., S. 139).

Frau X prognostiziert ebenfalls ein Umschwenken des Marktes auf breiter Front. Das enriched E-Book werde „seinen Platz neben dem bisherigen Angebot finden", ist sie sich sicher (Frau X, Anhang C a., S. 103). Ob das Format dabei EPUB 3, HTML 5 oder etwas gänzlich anderes werde, sei unwesentlich (ebd., S. 102). Es gehe vielmehr darum, dass die Lesegeräte den Inhalt wiedergeben könnten und der Kunde erkenne, wo sein Mehrwert sei (ebd.). Dennoch sehe sie angereicherte E-Books momentan nicht als Massenmarkt und gibt zu bedenken:

> „Wenn ich ein Buch lese, bin ich in der Ausformung meiner Phantasie vollkommen offen. Bei einem enriched E-Book werde ich hingegen geleitet. Und ob das eine Masse erreichen wird, da bin ich mir nicht sicher" (ebd., S. 103).

„Wir sind gerade erst in einer Entwicklung, die am Anfang steht", betont Kiefer (Kiefer, Anhang C c., S. 116). Auch er behauptet: Wenn die Lesegeräte so weit seien, werde das enriched E-Book ein Massenprodukt (ebd., S. 118). Der IT-Spezialist verweist insbesondere auf die technischen Entwicklungen und Zyklen, welche die Branche weiterhin grundlegend verändern werden: „Im übertragenen Sinne haben wir das Jahr fünf nach dem *iPhone*, und gucken Sie mal, was die Geräte jetzt schon können" (ebd., S. 117). Diese Fortschritte könnten völlig neue Formen des Publizierens ermöglichen, was für Verlage große Chancen bedeuteten (ebd.). Für ihn ist ferner klar:

> „Niemand weiß, wie groß das Feld ist, das beackert werden kann. Es muss nur jetzt ein paar Mutige geben, die erste Saatversuche machen. Es werden sicherlich viele auf die Nase fallen, aber auch wichtige, erste Erfahrungen sammeln" (ebd.).

Das Verlagshaus *Rowohlt* sieht im angereicherten E-Book eine Option für die Zukunft, da es eine zeitgemäße und neue Form des Bücherlesens ermögliche (Naumann, Anhang C e., S. 129). Auch Naumann erkennt in den enriched E-Books ein „Zukunftsmodell für die Branche" (ebd.). Er ist im Gegensatz zu Frau X der gleichen Über-zeugung wie die übrigen Experten, dass enriched E-Books das Potential zum Massenprodukt innehaben (ebd., S. 133). Wie groß der Markt werden kann, könne er nicht beurteilen, aber er ist sicher: „Das Potential ist noch bei weitem nicht ausgeschöpft" (ebd.). Er schließt konform mit Kiefer nicht aus, dass sich das Produkt zu Formen verändert, die man noch gar nicht beschreiben könne (ebd.).

Bei diesen möglichen Formen des Publizierens stehen für beide Experten Felder wie Social Reading, Social Writing und das Thema der Community im Vordergrund (Kiefer, Anhang C c., S. 117; Naumann, Anhang C e., S. 129). Naumann vergleicht diese Entwicklung mit der des Spielemarktes, wo sich Communitys und Gruppen rund um Themen mit bestimmten Grundideen bilden würden (ebd.). Er sieht im Zusammenrücken von Buch und Spiel eine große Bedeutung für die Branche und stellt die Option der Annäherung und Konvergenz von Game- und Book-Markt in Aussicht (ebd., S. 126). Kiefer prognostiziert ebenso, dass die Branche „irgendwo zwischen Casual Games und angereicherten Formaten neue Medienformen finden wird" (Kiefer, Anhang C c., S. 117). Auch für Nöth ist die Gamingbranche ein Mediensektor, der sich annähern könne (Nöth, Anhang C f., S. 139).

Neben der Annäherung von Branchen kann es durchaus auch zu Gefahren durch neue Konkurrenten wie *Google* und *Apple* kommen. Auf Nachfrage konkretisiert Nöth, dass z.B. *Apple* ein großes Interesse daran habe, den Markt auszubauen, da er grundlegend für die Verbreitung der Geräte sei (ebd.). Mit *ibooks Author* sei bereits ein großer Schritt getan, sich im Buchmarkt als Anbieter für Multimediaprodukte zu etablieren (ebd.). „Es müssen also nicht unbedingt die Buchverlage sein, die das Produkt letztendlich vorantreiben und umsetzen", gibt sie zu bedenken (ebd.).

Frau X und Hesse sehen in *Apple* und anderen Geräteherstellern hingegen nur technische Betriebe, deren Hauptgeschäft nicht die Inhalte sondern die Geräte seien (Frau X, Anhang C a., S. 104; Hesse, Anhang C b., S. 111). Nach Frau Xs Einschätzung können Verlage selbstbewusst sein, dürfen die Zeichen der neuen Zeit jedoch nicht verschlafen und müssen „immer ein Auge auf die großen technischen Spieler haben" (Frau X, Anhang C a., S. 104).[35] Aber was den Umgang mit Inhalten angehe, sitzen die Verlage durch ihren qualitativen Anspruch, der stets an erster Stelle komme, ihres Erachtens „ganz klar im Fahrersitz" (ebd.). Für sie sind enriched E-Books eine Möglich-

---

[35] Auch *Google* feilt jüngst am eigenen Angebot von E-Books, die mit *YouTube*-Videos angereichert und im eigenen Shop *Google Play* angeboten werden sollen (Buchreport, 2012, 05. Juni).

keit, die Produktpalette zu erweitern, „und diese Chance sollten die Verlage ergreifen und nutzen, und zwar ganz positiv" (ebd.).

9. Schlussbetrachtung

In diesem letzten Abschnitt werden die Ergebnisse der empirischen Teile zusammengefasst und interpretiert. Da es sich bei dieser Arbeit um einen ersten wissenschaftlichen Vorstoß für enriched E-Books handelt, ergibt sich ein großer Bedarf an weiterführenden Forschungsthemen. Diese werden im Vorlauf des Fazits dargelegt.

9.1 Zusammenfassung und Interpretation der Ergebnisse

Auch wenn eine Definition für enriched E-Books aus wissenschaftlicher Sicht mehr als wünschenswert ist, sollte deutlich geworden sein, dass aufgrund der subjektiven Empfindungen von Kunden- aber auch von Verlagsseite, wann ein E-Book als angereichert eingestuft werden kann, fließende Übergänge entstehen. Auch wenn keine eindeutige Begriffsabgrenzung für enriched E-Books geliefert werden kann, lässt sich unter Berücksichtigung der individuellen Grenzsetzung konkretisieren, dass

- ein enriched E-Book durch multimediale und funktionale Anreicherung über das digitalisierte Äquivalent der Printversion hinausgeht.
- aus einer funktionalen Perspektive heraus bei einer verhältnismäßig niedrigen Abgrenzung bereits Basis-Interaktivitäten (z.B. die Markierungsfunktion) als Anreicherungskriterium angesehen werden können. Bei einer höher angesetzten Abgrenzung muss erweiterte Interaktivität mit komplexen Eingriffsmöglichkeiten gegeben sein.
- aus einer multimedialen Perspektive heraus bei einer verhältnismäßig niedrigen Abgrenzung bereits einzelne Medieninhalte (z.B. eine Hörbuchpassage) als Anreicherungskriterium angesehen werden können. Bei einer höher angesetzten Abgrenzung sollen diese neu hinzugefügten Inhalte die bisherigen Informationen nicht nur inhaltlich doppeln, sondern sie sollten die Thematik vertiefen und ergänzen.

Die diversen Möglichkeiten der Anreicherung (Ausprägungsarten und -merkmale) wurden in der Arbeit systematisch erarbeitet und zusammengefasst. Es wird eine erstmalige Strukturierung eines empirischen Sachverhaltes gegeben. Weiterhin wurden durch die Experteninterviews zentrale Erfolgskriterien für enriched E-Books identifiziert – die unabhängig von der individuellen Grenzsetzung zum Tragen kommen.

Ein enriched E-Book sollte stets selbsterklärend sein, damit die Anreicherung und Struktur eigenständig vom Leser erschlossen werden kann. Diese Eigenschaft wird dem Gedanken gerecht, dass eine Konzeption aus dem Blickwinkel des Kunden (User Experience) heraus passieren sollte. Komplexe, undurchsichtige technische Programmierungen steuern dieser Leitidee somit entgegen. Beruft man sich auf die Experten, scheinen Anreicherungen vor allem an jenen Stellen interessant und angebracht, an denen dem Leser ein potentielles Informationsbedürfnis antizipiert, nicht aber aufgezwungen wird. Das Leseerlebnis wird somit bereichert und der Inhalt kann auf mehreren Ebenen erschlossen werden. Ein richtiger Mehrwert entsteht einvernehmlich besonders dann, wenn das Zusatzmaterial exklusiv oder selten ist. Die sorgfältige Auswahl von Art und Umfang der Enhancements identifizieren die Experten als essentiell wichtig, da es schnell zu einer Überladung des E-Books kommen kann und der eigentliche Mehrwert den Leser ablenkt statt fokussiert. Die Grenze zwischen positivem Mehrwert und negativer Überladung ist fließend und wird zumal sehr individuell wahrgenommen. [36] Es wurde erarbeitet, dass es für den Erfolg eines enriched E-Books von zentraler Bedeutung sein kann, die Anreicherung optional und nach persönlichem Ermessen ein- oder ausblenden zu können um so für den Rezipienten ein unterbrechungsfreies Lesen zu ermöglichen,

Bei dem Versuch Warengruppen zu identifizieren, die sich vornehmlich zur Anreicherung eignen, kristallisiert sich ein erstaunlich homogenes Bild heraus. Mit Reiseführern, Kinderbüchern und auch Bildbänden werden von den Experten jene Genres genannt, die illustrationsstark sind und bei denen der Text in zweiter Reihe steht. Ratgeber und Lehrbücher scheinen durch ihren erklärenden und didaktischen Fokus besonders prädestiniert. Es lässt sich vermuten, dass in erster Linie jene Inhalte geeignet sind, welche portionsweise konsumiert werden können und von denen man bereits im Print ein Wechsel zwischen Text und Zusätzen gewohnt ist. Diese Charakteristik würde gleichzeitig die Skepsis der Experten gegenüber der Eignung belletristischer Titel erklären. Dort steht der lineare Lesefluss im Vordergrund und Anreicherung kann schnell als Ablenkung und somit Nachteil empfunden werden.

Ferner wurde aufgezeigt, dass neue Multimediainhalte aus Zu- oder Einkäufen von Verwertungsrechten stammen oder bei entsprechender Kompetenz in Eigenproduktion entstehen können. Welche Variante am sinnvollsten ist, wird in erster Linie von den anfallenden Kosten bedingt. Dennoch sollten alle Möglichkeiten theoretisch in Erwägung gezogen und kalkuliert werden. Laut Experten ist zur technischen Umsetzung

---

[36] Im Zusammenhang der Wahl zwischen Anreicherung und reinem Text ist das *Libroid*-Format für Tablets zu erwähnen. Hält der Rezipient das Tablet im Hochformat, wird nur der reine Text angezeigt. Im Querformat wird der Textblock links und rechts von zwei schmalen Spalten umrahmt, in denen die Zusatzinhalte angezeigt werden (Lischka, 2010, 01. Oktober).

von angereicherten E-Books derzeit so gut wie kaum entsprechendes Personal innerhalb der Verlage vorzufinden und diese Aufgabe wird oft fremdvergeben. Bezieht man
sich auf die Mehrheit der Interviewten, lässt sich in der Dateiauszeichnung und Formatierung der kostenintensivste Wertschöpfungsschritt festmachen. Neben dem Outsourcing von Produktionsschritten wie der technischen Umsetzung führen die Experten
Kooperationen und Allianzen mit Dienstleistern im Feld der Inhaltebeschaffung an.[37]
Auch wenn feststeht, dass der Wegfall von Druck und Logistik die (enriched) E-Book-
Produktion im Vergleich zum Printbuch billiger werden lässt, fallen bei der Anreicherung neben dem finanziellen Mehraufwand für Inhalte und Formatierung durch einen
komplexeren Konzeptions- und Koordinationsaufwand neue Kosten an.

Bisher werden angereicherte E-Books als Individualprodukte produziert und insbesondere die Nicht-Wiederholbarkeit von Titeln steht den Verlagen für eine Kostenreduzie-
rung im Weg. Programmiergerüste, sog. Frameworks, die auf mehrere Titel
übertragbar sind, könnten hier in Zukunft Abhilfe schaffen. Da die Kosten von enriched
E-Books schnell aus dem Ruder laufen können, empfiehlt sich während der Wertschöpfung eine Budgetrestriktion ergänzt durch eine regelmäßige Kostenkontrolle.
Insbesondere sollte die Relation von Investitionen und zu erwartendem Umsatz bzw.
Gewinn nie außer Acht gelassen werden.

In der Arbeit wurde auch begründet, warum die identifizierten Mehrkosten nicht einfach
auf den Verkaufspreis umgewälzt werden können. Die Preissensibilität der Konsumenten ist bei digitalen (Buch-)Produkten immens hoch und für viele Leser bietet die momentane Generation an digitalen Buchprodukten nicht das gewünschte Preis-
Leistungs-Verhältnis. In welcher Höhe und in welcher Relation zum Taschenbuch oder
zum Text-E-Book Verlage enriched E-Book-Preise ansetzen können, wurde von den
Experten leicht kontrovers wahrgenommen. Ausgehend von den aktuellen Strategien
sieht jedoch keiner der Interviewten Spielraum nach oben. Ein Teil der Befragten führt
an, dass Anreicherungen und der daraus entstehende Mehrwert gerade in Zeiten von
sinkenden E-Book-Preisen als Argument verwendet werden können, das derzeitige
Preisniveau stabil zu halten. Weiterhin sind alternative Erlösmodelle ähnlich In-App-
Purchases oder Freemium-Modelle denkbar und sollten auf jeden Fall zukunftsweisend
im Auge behalten werden.

---

[37] Dass es sogar über Kooperationen und Allianzen hinausgehen kann, zeigt *Bastei Lübbe*. Der
Verlag stellt die Weichen im digitalen Multimediabereich offensiv auf Wachstum und hat im
Februar 2013 sämtliche Anteile einer TV-Produktionsfirma erworben. In einem Artikel auf
boersenblatt.net wird dem Verlag neben der Filmproduktion ein besonderes Interesse an dem
kreativen und technischen Know-how im Bereich der Entwicklung und Animation von Content
für mobile Devices zugeschrieben (2013, 08. Februar).

Die zentrale Diskussion der technischen Seite der Produktion hat die Wichtigkeit der Wahl eines Datenformates verdeutlicht. Eine Bereitstellung von angereicherten E-Books für alle Formate und Geräte, die sich am Markt befinden, ist für Verlage unerschwinglich. Daher ist die Entscheidung, für welchen Gerätetyp das digitale Buch gestaltet werden soll, von zentraler Bedeutung und erzwingt ein komplexes Anforderungsmanagement. Aufgrund der Einschränkung der Lesbarkeit von multimedialen und interaktiven E-Book-Formaten auf den meisten Endgeräten – eine Ausnahme bildet insbesondere das *iPad* – wurde neben den gängigen E-Book-Formaten auch die App näher untersucht (siehe auch Anhang D). Obwohl Gegenargumente geliefert wurden, sieht die Mehrheit der Interviewpartner die Eignung dieser Alternative als eher schwierig an. Vor allem die hohen Produktionskosten und die Aufmerksamkeitsprobleme von (enriched) Buch-Apps im App-Store in Kombination mit einer enormen Preissensibilität lassen die Software eher unattraktiv erscheinen. Weiterhin wurde durch die Interviews eine zwischenzeitliche Lösung für das Problem der Lesegeräte aufgezeigt. Bis die Abhängigkeit von den Endgeräten beseitigt ist und Verlage von einer flächendeckenden Verbreitung von Tablets und multimediafähigen E-Readern ausgehen können, stellt die Einbindung von sog. Fall-Backs eine konsumentenfreundliche Alternative dar.

Neben dem Problem der Endgeräte hat die Arbeit in der bisher dürftigen Kommunikationspolitik der Verlage einen ausschlaggebenden Grund dafür ausgemacht, warum enriched E-Books bisher kaum auf Kunden- und Presseresonanz stoßen. Für Journalisten ist das neue Produkt aufgrund der fließenden Übergänge zu anderen Medienformaten nur schwer greifbar und fällt zwischen alle Stühle. Weiterhin unterbindet ein Namenschaos eine branchenübergreifende, einheitliche Produktkommunikation. Potentielle Käufer können so nur schwer den Kern der Leistung ausmachen und es wird eher eine Verwirrung denn ein Kaufanreiz evoziert. Die Angebotserhebung hat ferner gezeigt, dass die explizite Suche nach angereicherten E-Books oft nur mit hohem Suchaufwand zu leisten ist.

Für eine zukunftsstarke Entwicklung verlangt die Wertschöpfung von angereicherten E-Books dem Personal eine generelle Erweiterung des Kompetenz- und Know-how-Portfolios ab, sodass bisher unbekannte und neue Arbeitsschritte einen routinierten Ablauf nehmen können. Es kommen z.B. Aufgabenfelder wie die Rechterecherche für Multimediainhalte und das Aushandeln von Rahmenverträgen mit Lizenzgebern hinzu. Doch am wichtigsten ist ein generelles Umschwenken der Denkweise der Buchverlage hin zu multimedial vernetzten Medienunternehmen. Dabei sollte eine multimediale Denkweise im besten Fall bereits durch den Autor gegeben sein und nicht erst im Nachhinein auf ein E-Book angewendet werden. Besonders den angereichert konzipierten Enriched-Onlys sprechen die Experten großes Potential zu. Eine Ergänzung der internen Produktionsabläufe durch outgesourcte Schritte, die Schnittstellen mit externen Dienstleistern oder Kooperationspartnern entstehen lassen, gehören ebenso zum Wertschöpfungsprozess wie der Aufbau von Multimedianetzwerken.

Auch wenn sich Verlage derzeit noch mit ausbleibendem Konsumenteninteresse konfrontiert sehen, sind sich alle Experten einig: Der Erfolg von angereicherten E-Books ist nur eine Frage der Zeit. Aus einem zeitgenössischen Blickwinkel ist das enriched E-Book laut Interviewpartner eine logische Entwicklung, da Mediennutzer verstärkt auf der Suche nach digitalen Produkten seien, die sich sowohl personalisieren als auch individualisieren ließen – beides kann das enriched E-Book bieten. Sie verweisen auf die jungen Generationen, die mit multimedialen und interaktiven Inhalten aufwachsen und diese als Selbstverständlichkeit auffassen. Darum prognostizieren die Experten eine Entwicklung hin zu immer mehr Konsumenten, für die Anreicherung und Zusatz zum Standard und nicht zur Ausnahme wird. Dieser Veränderungsprozess des Konsumverhaltens und insbesondere des aktiven Umgang mit Medien werde dazu führen, dass sich auch die Zurückhaltung der übrigen Marktteilnehmer gegenüber den angereicherten Leistungsangeboten legen wird. Auch wenn die Experten durch die funktionale und multimediale Anreicherung von E-Books nur mit Ausnahme an einen Zugewinn neuer Leser und Kunden glauben, ist das enriched E-Book für sie die entsprechende Lösung, die momentanen Zielgruppen zu halten und sie nicht an intermediale Konkurrenten oder branchenfremde Wettbewerber zu verlieren.

Dennoch ist für diese positive Entwicklung die Beschränkung durch die aktuelle Generation an End- und Lesegeräten bzw. die Lösung des derzeitigen Problems der Anzeige von zentraler Bedeutung. Die technischen Einschränkungen verhindern nicht nur die Umsetzung von bestimmten Features, sondern lassen außerdem einen immensen Erklärungsbedarf auf Seiten der Leser entstehen. Die Branche ist vom Agieren der Endgerätehersteller abhängig und muss daran interessiert sein, die Entwicklung der Geräte voranzutreiben. Die Verquickung der Akteure im Systemgeschäft verdeutlicht die Wichtigkeit einer proaktiven Zusammenarbeit im digitalen Transformationsprozess.

Ferner kann sich die Branche nicht darauf verlassen, dass die Veränderung des Mediennutzungsverhaltens den Konsumenten automatisch für das enriched E-Book begeistert, sondern die Nutzerpräferenzen der Leser müssen durch die Berücksichtigung von erfolgsversprechenden Produktmerkmalen von den Verlagen geweckt werden. Für die Konsumenten sollte ersichtlich sein, worin der Mehrwert eines enriched E-Books im Gegensatz zum Text-E-Book oder der Printversion liegt. Dieser Mehrwert kann als

Verkaufsargument und *Unique Selling Proposition* (Alleinstellungsmerkmal) angesehen werden.[38]

9.2 Weiterführender Forschungsbedarf

Die vorliegende Forschungsarbeit konnte weder auf qualitative noch quantitative Struktur- oder Marktdaten für enriched E-Books zurückgreifen. Weiterhin wurden im Laufe der Ergebnisfindung Themenbereiche angeschnitten, die Bedarf aber auch Potential für weitere Forschung ergeben. Im Folgenden ist ein Überblick über relevante Themenbereiche und Faktoren gegeben (siehe Tabelle 6).

THEMENBEREICH	FAKTOREN
Konsumenten- und Absatzforschung (quantitativ / qualitativ)	• Identifikation kaufrelevanter Variablen und erfolgsversprechender Produktmerkmale (u.a. Split-Attention-Effect) • Zahlungsbereitschaften und Einflussfaktoren (z.B. durch Conjoint-Analysen; Für welche Anreicherungsart gibt es eine höhere Zahlungsbereitschaft? Wie viel Mehrwert bzw. Anreicherung „verlangt" der Leser?) • Absatzverbundenheit von E-Book und enriched E-Book (Partizipations- vs. Substitutions- vs. Kannibalisierungseffekt) • Zielgruppenforschung (Identifikation von soziodemographischen Merkmalen und psychographischen Kriterien →Einordnung in Sinus-Milieus oder Neuro-Limbic-Typen →Größe der Zielgruppe? Kaufkraft der Zielgruppe?) • Warengruppenspezifische Absatzforschung (Beispiele: Enriched E-Books und Apps für Kinder, Die Rolle des enriched E-Books im Schulunterricht)
Internationale Vergleiche	• Marktdaten (falls vorhanden) • Gemeinsamkeiten und Unterschiede der bisherigen Marktentwicklung
Alternative Erlösmodelle	• Beispiel: In-Book-Purchases oder Freemium-Modelle • Potential und Akzeptanz • Technische Konsequenzen und Notwendigkeiten

---

[38] Sowohl Galitz (2012, S. 41ff.) als auch Nöth (Anhang C f., S. 138) führen das Bsp. der Bonus-DVD an, die durch ein klares Profil eine Erwartungshaltung, aber auch eine Bereitschaft der Kunden mehr zu bezahlen geweckt hat.

Beschaffungs- und Kooperationsmanagement	• strategische Allianzen und multimediale Wertschöpfungsnetzwerke • Rechte- und Lizenzmanagement • Ausgestaltung sowie Vor- und Nachteile der Beziehungen
Das Enriched E-Book im Spannungsfeld der Medienkonvergenz	• Schnittpunkte mit anderen Mediensektoren oder Unternehmen der TIME-Branche • Potentielle Produktformen • Chancen und Gefahren
Das Enriched E-Book als „Kunst" (geisteswissenschaftlicher Ansatz)	• Rolle der Intermedialität bei multimedialer Anreicherung • Additive versus transmediale Anreicherung

Tab. 6: Übersicht weiterführender Forschungsbedarf
(Quelle: Eigene Darstellung)

9.3 Fazit

Als eines der letzten Medien wird nun auch das Buch mit der fortschreitenden Digitalisierung und der aufkommenden Medienkonvergenz konfrontiert. Die Trennlinie zu verwandten Produkten wie Zeitschriften und audiovisuellen sowie digitalen Informationsträgern verschwimmt zunehmend. Die Individualisierung und die Ausdifferenzierung von Mediennutzungspräferenzen deuten auf eine zunehmende Fragmentierung des Nachfragerverhaltens hin. Die intermediale Konkurrenzsituation verschärft sich und wird durch neue, branchenfremde Marktteilnehmer zusätzlich geschürt. Für den Buchmarkt entsteht ein Spannungsfeld zwischen Chance und Bedrohung und das Stammprodukt Printbuch gerät unter Anpassungs- und Innovationsdruck.

Um einem Einbruch der etablierten Erlösquellen frühzeitig entgegenzuwirken ist die traditionell verankerte Buchbranche gefordert neue attraktive Produkte zu entwickeln und am Markt zu etablieren.[39] In einer Epoche, in der nicht das eingefrorene Standbild, sondern das bewegte Bild als kontemporär angesehen wird, stellt das angereicherte E-Book ein Produkt dar, dessen Inhalt und Struktur durch neue digitale Möglichkeiten angeregt und aufbereitet werden. Doch ob sich das enriched E-Book zukünftig als Erfolgsprodukt beweisen kann, hängt maßgeblich von zwei Faktoren ab: der Nachfrage- und der Angebotsentwicklung.

---

[39] Kiefer, Naumann und Nöth machen auf eine potentielle Annäherung der Buch- und der Gamingbranche aufmerksam und sehen hier Chancen für noch unbekannte Produktvarianten (siehe 8.2). In diesem Zuge sind auch Web-Publishing-Konzepte zu erwähnen, die durch ihre Endgerät-unabhängige Anzeige der Inhalte große Vorteile bieten.
Weiterhin soll an dieser Stelle auf die *Boston Consulting Group*-Matrix verwiesen werden, die aufgrund von relativen Marktanteilen und Wachstumsraten bei der Ableitung von Normstrategien für De- bzw. Investitionen hilft, Vgl. Meffert, Burmann & Kirchgeorg (2012, S. 279).

Noch ist die Konsumentennachfrage nach digitalen, angereicherten Buchprodukten verhalten. Dafür hat die vorliegende Arbeit folgende Gründe identifiziert:

- Abhängigkeit der enriched E-Books von der noch marginalen Rolle (zwei Prozent Marktanteil) und teils labilen Wirtschaftlichkeit des E-Book-Sektors.
- Wahrnehmung digitaler Buchprodukte als umständlich und unattraktiv durch vorherrschende Formate-Vielfalt.
- Anzeige- und Wiedergabeprobleme der derzeitigen Generation an End- und Lesegeräten für multimediale und interaktive Inhalte.
- Fehlendes bzw. noch zu entwickelndes Kundenbedürfnis nach Anreicherung.
- Fehlende Produktaufmerksamkeit und -kenntnis durch unterlassene bzw. stark reduzierte Marketingaktivitäten und ungeklärte Kommunikationswege (auch bei anderen Branchenteilnehmern wie dem Handel oder der Presse).
- Hemmung und Unterbindung der Entwicklung einer klaren Erwartungshaltung durch uneinheitliche Namens- sowie Produktkonzepte.

Summa summarum lässt sich behaupten, dass die derzeitig fehlende und uneinheitliche produktspezifische Kommunikationspolitik sowie die Einschränkungen durch technische Komponenten wie Formate und Endgeräte und die daraus resultierende Verwirrung und Verärgerung der Konsumenten auf der einen Seite die Neukundenakquisition, auf der anderen Seite die Kundenbindung von Erst- bzw. Bestandsnutzern maßgeblich einschränken und teils sogar verhindern.

Auch das Angebot an enriched E-Books ist eher verhalten. Dies liegt jedoch nicht am mangelnden Interesse der Verlage, denn eine Neugierde für das Produkt ist zu verspüren. Vielmehr hat die Forschungsarbeit gezeigt, dass sich zusammenfassend vier Gründe für die Zurückhaltung und die Skepsis der Buchverlage in Bezug auf enriched E-Books ausmachen lassen:

- Wahrnehmung des digitalen Geschäfts oftmals als Pflicht und Umstand, nicht aber als Chance; digitale und multimediale Denkverweigerung.
- Allgemeine Unsicherheit über das Wachstumspotential dieses Marktsektors.
- Mangelndes Know-how und fehlende Kompetenzen zur Anreicherung.
- Ressourcen- und kostenintensiver Produktionsaufwand (hohe First-Copy-Costs).[40]

---

[40] Für Verlage, die in das enriched E-Book-Geschäft eingestiegen sind, übersteigen die Kosten der Produktdifferenzierung noch ganz klar deren Erlöse. Zeitlich gesehen befinden sich die ersten Marktpioniere (wie z.B. *S.Fischer, Bastei Lübbe, Rowohlt*) in der Einführungsphase der Produkte. Gleichzeitig sind frühe Folger (wie z.B. *Random House* oder *Droemer Knaur*) zu identifizieren. Der Markt ist noch unerschlossen und es fallen (im Normalfall) neben hohen Produktentwicklungs- auch Marktbearbeitungskosten an. An dieser Stelle fängt die wirtschaftsökonomische Theorie (siehe 3.2) an zu haken. In der Praxis investieren die Verlage zwar in die Entwicklung der Produkte (technische Realisation, Zusatzinhalte), nicht aber in ein absatzför-

Gleichzeitig wurden die zentralen Herausforderungen erarbeitet, welche auf Buchverlage bei einer Aufnahme von angereicherten Leistungsangeboten in das Produktportfolio zukommen:

- Lösung von einem printverankerten Selbstverständnis hin zu einer digitalen,
  multimedialen Denkweise (auch bei den Autoren).
- Aufbau von multimedialen und technischen (Kern)Kompetenzen sowie produkt-
  spezifischem Know-how.
- Klärung und Optimierung von Zuständigkeiten und Arbeitsabläu-
  fen/Workflows.[41]
- Ständige Kostenkontrolle und Budgetrestriktion unter Berücksichtigung der Relation von Aufwand und (zu erwartendem) Ertrag.
- Mögliche Kostenreduzierungen durch
  - o Nutzung von Synergie- und Kosteneinsparungspotentialen (bei steigen-
    der Absatzmenge auch Stückkostendegression), u.a. durch Anwendung
    von Programmiergerüsten/Frameworks.
  - o Bildung von branchenübergreifenden Kooperationen und multimedialen
    Wertschöpfungsnetzwerken.
- Identifikation von erfolgsversprechenden Produktmerkmalen (im Sinne von
  Mehrwert) zur Schaffung von Kaufanreizen sowie einer klaren Erwartungshal-
  tung gegenüber dem Produkt.[42]
- Ausweitung der Marketingaktivitäten hin zu verlags- und branchenübergreifen-
  den Kommunikationskonzepten und Werbekampagnen.
- Ausarbeitung einer kalkulierbaren, rentablen und im Bestfall sogar kommuni-
  zierbaren Preisgestaltungsstrategie (Implementierung neuer bzw. alternativer
  Zahlungsmodelle).

Weiterhin wurde deutlich, dass Verlage bei der Wertschöpfung von angereicherten E-
Books derzeit aus einer ressourcenorientierten Inside-Out-Perspektive heraus agieren.
Der derzeitige Schwerpunkt der Produktkonzeption liegt auf dem Ausprobieren und
Beherrschen der grundlegenden Technologien sowie innerbetrieblicher Abläufe und
Strukturen. Jetzt müssen Verlage die Notwendigkeit eines Wandels des Strategiepara-

---

derndes Marketing, um so von der Einführungsphase in die gewinngenerierende Wachstums-
phase überzugehen.
[41] Möllers und Nöth verweisen auf zwei verschiedene Arten des Projekt- bzw. des Zuständig-
keitsmanagements (siehe 7.4.2). Theoretisch kann auf die funktionale sowie divisionale Organisationsstruktur verwiesen werden. Vgl. Macharzina & Wolf (2008, S. 447-491).
[42] Wie erfolgreich die Branche sein kann, wenn sie sich auf die Bedürfnisse der Konsumenten
einstellt, zeigen die jüngsten Markterfolge der sog. „Mini-Formate" („Subcompact Publishing").
In Zeiten von Schnelllebigkeit und zeitlichem Druck sind Millionen Menschen unterwegs auf der
Suche nach Lektüre für Minuten. Besonders beliebt: Facebook, SPIEGEL Online, Twitter – oder
eben ein kompaktes Buch. Dies hat die Branche erkannt und bietet mit Blinkist, Kindle Singles
oder Nook Snaps ein entsprechendes Angebot (Buchreport, 2013, 05. März).

digmas hin zu einer marktorientierten Betrachtung von Branchencharakteristika erkennen und als Leitmotiv den Konsumenten und dessen Wünsche und Bedürfnisse in den Fokus nehmen.

Die vorliegende Forschungsarbeit hat mehrfach aufgezeigt, dass die Experten großes Potential in den enriched E-Book-Varianten sehen – vorausgesetzt, die oben beschriebenen verlagsinternen und marktbezogenen Problemstellungen werden erfolgreich angegangen und gelöst. Ein Teil der Experten sieht sogar die Möglichkeit, dass angereicherte Leistungsangebote zum Standard werden können. Dabei wurde jedoch stets – im Sinne einer verhältnismäßig niedrig angesetzten Begriffsabgrenzung – auf Basis-Interaktivitäten wie Markierungsfunktionen oder durch Hyperlinkstrukturen vernetzte Inhalte verwiesen. Diese basalen Funktionalitäten lassen sich oft schon mit geringem Kostenaufwand in ein E-Book integrieren.

Aus einem persönlichen Blickwinkel heraus erscheint eine höher angesetzte Begriffsabgrenzung und deren inhaltliche Umsetzung dem Konzept und der Idee eines enriched E-Books eher zu entsprechen und gerecht zu werden. Denn nur durch erweiterte Interaktivität wird ein erhöhtes Involvement des Rezipienten mit dem Buch erreicht und nur durch zusätzliche und neue (Medien)Inhalte kommt der wichtige Aspekt des Mehrwertes zum Tragen. Alles andere wird den Kunden auf Dauer nicht von dem Produkt überzeugen. Weiterhin werden Basis-Interaktivitäten bereits für Text-only-E-Books als unabdingbar angesehen – und werden nicht als eine Rechtfertigung für die Bezeichnung eines E-Books als enriched empfunden.

Im Fall einer höher angesetzten Begriffsabgrenzung müssen jedoch klare Bedenken gegen ein schnelles Wachstum dieses Sektors geäußert werden. Obwohl im Laufe der Interviews eine durchweg positive Einschätzung des Marktpotentials von enriched E-Books deutlich wurde, stehen die momentan noch sehr hohen Produktionskosten einer Entwicklung zum Massenprodukt oder gar der Etablierung als Standard-E-Book im Weg. Exklusive, attraktive Multimediainhalte in ein E-Book zu integrieren und dieses aufwendig zu formatieren, ist für Verlage aufgrund der Kostenintensität als Maßstab derzeit nicht leistbar. Die Kosten der Produktdifferenzierung übersteigen oftmals noch deutlich deren Ertrag.

Gleichzeitig müssen Verlage nicht sofort die ambitioniertesten Projekte angehen, sondern sie sollten mit kalkulierbaren, individuellen Produktdifferenzierungen, bei denen sich der Aufwand relational zum Ertrag verhält, auf sich aufmerksam machen. Mit diesen angereicherten E-Books können Buchverlage ihr Geschäfts- und Leistungsangebotsmodell um zeitgerechte digitale Angebote erweitern und neuen Kundenbedürfnissen anpassen. Durch die Anreicherung kann ein Zusatznutzen generiert werden, der vom Kunden als Mehrwert wahrgenommen wird und so dessen Zahlungsbereitschaft steigern und ihn langfristig an das Produkt binden kann.

Durch die parallele Zurverfügungstellung der Text-only- sowie angereicherten Buchvariante können unterschiedliche Nutzerpräferenzen befriedigt werden. Durch die selbstselektierende Wahl aus preislich aber auch qualitativ und quantitativ unterschiedlichen Produktversionen ordnet sich der Rezipient in Abhängigkeit seiner persönlichen Zahlungsbereitschaft einer einheitlich behandelten Nachfragergruppe zu. Ein Nebeneinander der unterschiedlichen Produktvarianten wird daher als unabdingbar angesehen.

Welche Rolle genau angereicherte Leistungsangebote – in Abhängigkeit des Wachstums des E-Book-Marktes im Allgemeinen – im Buchmarkt einnehmen werden, bleibt abzuwarten. Neben unternehmensinternen Hürden sind marktbezogene Entwicklungen wie die Einstellung der Verbraucher sowie die Entwicklung von Format- und Endgerätestandards von essentieller Bedeutung. Dennoch ist festzuhalten, dass es für Buchverlage in Zeiten der Medienkonvergenz und des rückläufigen Printumsatzes gilt, das Geschäft zu konsolidieren und Verluste zu minimieren. Ob Buchprodukte einen Platz neben verwandten Medienprodukten finden oder sogar mit diesen verschmelzen und konvergieren, kann ebenfalls nur spekuliert werden. Fest steht jedoch: Buchverlage müssen zukunftsweisende Investitionen in Wachstumsfelder tätigen, um sowohl eine Existenzfähigkeit als auch -berechtigung zu gewährleisten. Diese potentiellen Wachstumsfelder lassen sich im digitalen Sektor lokalisieren.

Eine offensive Strategie bedeutet in den meisten Fällen jedoch auch den Mut und die Voraussicht aufzubringen, dass anfängliche Investitionen den Gewinn erst einmal übersteigen werden. Obwohl Verlage aufgrund der latenten Unsicherheit der Nachfrageentwicklung mit hohen Sunk-Costs konfrontiert werden können, sind sie bei einer positiven Entwicklung des Marktes in der Lage, aktiv zu agieren – und nicht (passiv) zu reagieren. Pioniere und frühe Folger können derzeit durch die Aneignung von Produkt- sowie Marktkenntnis Wettbewerbsvorteile gegenüber späteren Folgern aufbauen.

Als mehrwertgenerierende Produktvariante und vor allem zeitgerechte Alternative zum Text-only-E-Book eröffnet das enriched E-Book den Buchverlagen einen zukunftsstarken Weg. Diese Portfolioerweiterung muss jedoch systematisch geplant, gesteuert und kontrolliert sowie durch aktives Innovationsmanagement begleitet werden. An die aufkommenden Herausforderungen müssen Verlage selbstbewusst herangehen und mangelndes Know-how unter Fokussierung der Konsumentenpräferenzen in wettbewerbsfähige Kompetenzen umwandeln. Gleichzeitig darf jedoch nie die eigentliche Kernkompetenz, nämlich die quantitativ hochwertige Contenterstellung vernachlässigt bzw. aus dem Fokus verloren werden.

Die Digitalisierung der Buch- und Medienbranche darf nicht als Bedrohung, sondern als Sprungbrett wahrgenommen werden, sich konkurrenz- und zukunftsfähig zu positionieren und das Produktportfolio zeitgerecht zu ergänzen. Die Chance dafür ist mit dem enriched E-Book gegeben – muss aber mutig und selbstsicher ergriffen werden.

Literaturverzeichnis

AMAZON (2013): Überall lesen mit unserer Gratis Lese-App. URL: http://www.amazon.de/gp/feature.html?ie=UTF8&docId=1000482783 [18.03.2013, 21:39 Uhr].

APPLE (2013): iBooks Author. URL: http://www.apple.com/de/ibooks-author/ [08.04.2013, 11:36 Uhr].

APTARA (2012): Revealing the Business of eBooks. The Fourth Annual eBook Survey of Publishers. URL: http://www.aptaracorp.com/assets/resources/wp/Aptara_eBook_Survey_4.pdf [05.02.2013, 16:55 Uhr].

ARD-ZDF-ONLINE-STUDIE (2013): Mediennutzung. URL: http://www.ard-zdf-onlinestudie.de/index.php?id=353 [30.01.2013, 19:30 Uhr].

BECK, Hanno (2006): Medienökonomie - Märkte, Besonderheiten und Wettbewerb. In: SCHOLZ, Christian (Hrsg.): Handbuch Medienmanagement (S. 221-237). Berlin Heidelberg New York: Springer.

BIEBER, Christoph & **LEGGEWIE**, Claus (Hrsg.) (2004): Interaktivität: ein transdisziplinärere Schlüsselbegriff. Frankfurt am Main: Campus Verlag.

BOERSENBLATT.NET (2011, 14. März): "2011 erleben wir die Stunde Null des E-Books". E-Book-Studie des Börsenvereins. URL: http://www.boersenblatt.net/431708/ [24.02.2013, 15:13 Uhr].

BOERSENBLATT.NET (2012, 19. November): Lesegeräte. Pocketbook kündigt E-Ink-Reader mit Farbdisplay an. URL: http://www.boersenblatt.net/568200/ [05.02.2013, 16:25 Uhr].

BOERSENBLATT.NET (2013, 08. Februar): Digitale Entwicklung. Bastei Lübbe kauft Family Entertainment.tv. URL: http://www.boersenblatt.net/593847/?t=newsletter [14.02.2013, 15:43 Uhr].

BÖRSENVEREIN DES DEUTSCHEN BUCHHANDELS (Hrsg.) (2011): Umbruch auf dem Buchmarkt? Das E-Book in Deutschland. URL: http://www.boersenverein.de/sixcms/media.php /976/E-Book-Studie_2011.pdf [19.02.2013, 08:15 Uhr].

BÖRSENVEREIN DES DEUTSCHEN BUCHHANDELS (Hrsg.) (2012a): Buch und Buchhandel in Zahlen 2012. Frankfurt am Main: Marketing- und Verlagsservice des Buchhandels GmbH.

BÖRSENVEREIN DES DEUTSCHEN BUCHHANDELS (Hrsg.) (2012b): Markt mit Perspektiven - das E-Book in Deutschland 2011. URL: http://www.boersenverein.de/sixcms/media.php/976/E-Book-Studie%202012%20PRESSEMAPPE_print.pdf [19.02.2013, 09:38 Uhr].

BÖRSENVEREIN DES DEUTSCHEN BUCHHANDELS (2012c): Umsatz- und Preisentwicklung. URL: http://www.boersenverein.de/de/182716 [12.02.2013, 17:19 Uhr].

BRUNESS, Lisa (2011, 05. Dezember): Mit LCD-Farbdisplay: Weltbild eBook Reader 3.0 im Test. URL: http://www.netzwelt.de/news/89768-lcd-farbdisplay-weltbild-ebook-reader-3-0-test.html [05.02.2013, 14:21 Uhr].

BUCHMARKT (2010, 23. Dezember): Kinderbuchverlage rüsten sich für den App-Markt. URL: http://www.buchmarkt.de/content/45250-kinderbuchverlage-ruesten-sich-fuer-den-app-markt-.htm [02.03.2013, 17:59 Uhr].

BUCHREPORT (2011, 13. Oktober): Apps zwischen Hype und Hoffnungsträger. buchreport-Diskussionsrunde auf der Frankfurter Buchmesse. URL: http://www.buchreport.de/nachrichten/online/online_nachricht/datum/2011/10/13/apps-zwischen-hype-und-hoffnungstraeger.htm?no_cache=1?no_cache=1 [17.02.2013, 17:40 Uhr].

BUCHREPORT (2012, 29. März): USA: Neue E-Publishing Plattform „Vook" gestartet. „Game Changer" für E-Publisher? URL: http://www.buchreport.de/nachrichten/online/online_nachricht/datum/2012/03/29/game-changer-fuer-e-publisher.htm?no_cache=1?no_cache=1 [04.03.2013, 12:29 Uhr].

BUCHREPORT (2012, 05. Juni): Anreichern mit Youtube. Google feilt an multimedialen E-Books. URL: http://www.buchreport.de/nachrichten/online/online_nachricht/datum/2012/06/05/anreichern-mit-youtube.htm?no_cache=1?no_cache=1 [19.04.2013, 15:21 Uhr].

BUCHREPORT (2012, 12. November): Exklusiv für Apple. Große US-Publikumsverlage nutzen „iBooks Author" von Apple. URL: http://www.buchreport.de/nachrichten/verlage/verlage_nachricht/datum/2012/11/12/exklusiv-fuer-apple.htm?no_cache=1?no_cache=1 [18.02.2013, 14:27 Uhr].

BUCHREPORT (2013, 22. Januar): Frankreich zum Vorbild. Deutscher Kulturrat fordert ermäßigten Mehrwertsteuersatz für E-Books . URL: http://www.buchreport.de/nachrichten/nachrichten_detail/datum/2013/01/22/frankreich-zum-vorbild.htm?no_cache=1&cHash=51f240d982323cc586fd7113e362ffa9 [20.02.2013, 13:11 Uhr].

BUCHREPORT (2013, 01. Februar): Erstmals mehr digitale als gedruckte Bücher verkauft. ebook.de: Absatz von E-Books verdreifacht. URL: http://www.buchreport.de/nachrichten/online/online_nachricht/datum/2013/02/01/erstmals-mehr-digitale-als-gedruckte-buecher-verkauft.htm [01.02.2013, 16:37 Uhr].

BUCHREPORT (2013, 08. Februar): Dickes sorgt für dünnes Plus. Media Control: 2012 wurden 12,3 Mio E-Books in Deutschland verkauft. URL: http://www.buchreport.de/nachrichten/verlage/verlage_nachricht/datum/2013/02/08/dickes-sorgt-fuer-duennes-plus.htm [08.02.2013, 10:17 Uhr].

BUCHREPORT (2013, 20. Februar): Kampfansage aus Brüssel. EU-Kommission will niedrigere E-Book-Mehrwertsteuer verbieten. URL: http://www.buchreport.de/nachrichten/ausland/ausland_nachricht/datum/2013/02/20 /kampfansage-aus-bruessel.htm [20.02.2013, 13:15 Uhr].

BUCHREPORT (2013, 15. März): USA: Schnell, kurz und seriell. Daniel Lenz über neue Formate für digitale (Buch-)Inhalte. URL: http://www.buchreport.de/nachrichten/verlage/verlage_nachricht/datum/2013/03/05/ schnell-kurz-und-seriell.htm?no_cache=1?no_cache=1 [04.04.2013, 13:29 Uhr].

BUCHREPORT (2013, 28. März): Margen unter Druck. Studie: Europäischer E-Book-Markt wuchs 2012 um über 200%. URL: http://www.buchreport.de/nachrichten/verlage/verlage_nachricht/datum/2013/03/28/ margen-unter-druck.htm [28.03.2013, 19:42 Uhr].

BUCHREPORT (2013, 25. April): Palette frei für bunte E-Books. Pocketbook präsentiert E-Reader mit Farbdisplay. URL: http://www.buchreport.de/nachrichten/online/online_nachricht/datum/2013/04/25/pal ette-frei-fuer-bunte-e-books.htm [25.04.2013, 19:28 Uhr].

BUCHREPORT (2013, 26. April): „E-Book sind nur der Anfang!. Video-Interview mit Hugh Mc Guire (Pressbooks). URL: http://www.buchreport.de/nachrichten/verlage/verlage_nachricht/datum/2013/04/26/ e-books-sind-nur-der-anfang.htm [29.04.2013, 16:12 Uhr].

BUCHREPORT.MAGAZIN (2012): Kampf um kleinere Kuchen. Die 100 größten Verlage. Heft 4, S. 62-70.

CLEMENT, Michael, **BLÖMEKE**, Eva & **SAMBETH**, Frank (2009): Einleitung: Herausforderungen der Buchbranche. In: CLEMENT, Michael, BLÖMEKE, Eva & SAMBETH, Frank (Hrsg.): Ökonomie der Buchindustrie. Herausforderungen in der Buchbranche erfolgreich managen (S. 11-24). Wiesbaden: Gabler.

CLEMENT, Michael, **BLÖMEKE**, Eva & **SAMBETH**, Frank (Hrsg.) (2009): Ökonomie der Buchindustrie. Herausforderungen in der Buchbranche erfolgreich managen. Wiesbaden: Gabler.

DONATH, Andreas (2012, 24. Januar): Apple sabotiert ePub-Format mit iBooks Author. URL: http://www.golem.de/1201/89261.html [05.02.2013, 15:41 Uhr].

DRAUTZ, Mischa (2012, 05. Oktober): Kino im Buch. URL: http://www.zeit.de/2012/41/Epub3-Dateiformat-E-Books-Multimedia [08.03.2013, 12:02 Uhr].

EBOOK ARCHITECTS (2013): Fixed-layout eBooks. URL: http://ebookarchitects.com/conversions/fixedlayout.php [17.04.2013, 11:49 Uhr].

E-BOOK-CORNER.BLOGSPOT.DE (2012, 31. Oktober): EPUB3-Reader. URL: http://e-book-corner.blogspot.de/2012/10/epub3-reader_5.html [05.02.2013, 17:19 Uhr].

E-BOOK-CORNER.BLOGSPOT.DE (2013, 25. März): Multimedia in KF8-E-Books? Ein klares "Jein" von Amazon. URL: http://e-book-corner.blogspot.de/2013/03/multimedia-in-kf8-e-books-ein-klares.html [30.03.2013, 12:16 Uhr].

EBOOKRAUSCH (2013): Illustrated E-Book (auch Fixed-Layout-ePubs). URL: http://www.ebookrausch.de/ebook-typen/illustrated-ebook/ [11.03.2013, 13:52 Uhr].

EBOOKS-LESEN.NET (2012, 24. Juli): Testbericht: eReader ECTACO JetBook Color. URL: http://ebooks-lesen.net/testbericht-ereader-ectaco-jetbook-color/ [05.02.2013, 19:36 Uhr].

FEDTKE, Stephen & **REINERTH**, Lisa (Hrsg.) (2012): Erfolgreich Publizieren im Zeitalter des E-Books. Ein pragmatischer und zielorientierter Leitfaden für die Zukunft des digitalen Buches. Wiesbaden: Springer Vieweg.

Frau X (2013): Experteninterview. Frankfurt: 21. März, 11:00 – 11:50 Uhr. Anhang C a., S. 100-104.

GABLERS WIRTSCHAFTSLEXIKON (2013): E-Book. URL: http://wirtschaftslexikon.gabler.de/Definition/e-book.html [28.03.2013, 13:50 Uhr].

GALITZ, Robert (2012): E-Books und Enhanced E-Books: Neue Herausforderungen für Autoren und Verlage. In: FEDTKE, Stephen & REINERTH, Lisa (Hrsg.): Erfolgreich Publizieren im Zeitalter des E-Books. Ein pragmatischer und zielorientierter Leitfaden für die Zukunft des digitalen Buches (S. 33-49). Wiesbaden: Springer Vieweg.

GLÄSER, Jochen & **LAUDEL**, Grit (2010): Experteninterviews und qualitative Inhaltsanalyse. Wiesbaden: VS Verlag.

GOERTZ, Lutz (2004): Wie interaktiv sind Medien? In: BIEBER, Christoph & LEGGEWIE, Claus (Hrsg.): Interaktivität: ein transdisziplinärere Schlüsselbegriff (S. 97-117). Frankfurt am Main: Campus Verlag.

GÖRLICH, Robert (2012): Vom Manuskript zum E-Book. Datenformate In: FEDTKE, Stephen & REINERTH, Lisa (Hrsg.): Erfolgreich Publizieren im Zeitalter des E-Books. Ein pragmatischer und zielorientierter Leitfaden für die Zukunft des digitalen Buches (S. 109-131). Wiesbaden: Springer Vieweg.

HAACK, Johannes (2002): Interaktivität als Kennzeichen von Multimedia und Hypermedia. In: ISSING, Ludwig J. & KLIMSA, Paul (Hrsg.): Information und Lernen mit Multimedia und Internet (S. 126-136). Weinheim: BeltzPVU.

HAGENHOFF, Svenja (2012): Produktpflege. In: FEDTKE, Stephen & REINERTH, Lisa (Hrsg.): Erfolgreich Publizieren im Zeitalter des E-Books. Ein pragmatischer und zielorientierter Leitfaden für die Zukunft des digitalen Buches (S. 227-234). Wiesbaden: Springer Vieweg.

HASS, Berthold. H. (2006): Content Management - Inhalte für Neue Medien strategisch nutzen. In: SCHOLZ, Christian (Hrsg.): Handbuch Medienmanagement (S. 375-391). Berlin Heidelberg New York: Springer.

HESS, Thomas (Hrsg.) (2004): Arbeitspapiere des Instituts für Wirtschaftsinformatik und Neue Medien, LMU München, Nr. 4/04, München 2004. URL: http://www.wim.bwl.uni-muenchen.de/download/epub/ab_2003_04.pdf [13.02.2013, 16:33 Uhr].

HESSE, Katharina (2013): Experteninterview. Mainz: 20. März, 10:00 – 11:25 Uhr. Anhang C b., S. 105-111.

HILLER, Helmut, **FÜSSEL**, Stephan (2002): Wörterbuch des Buches. Frankfurt am Main: Klostermann Vittoro.

HILLER, Simon (2011): Die Auswirkungen der digitalen Ökonomie auf die Buchbranche - eine Analyse amhand der Entwicklungen in der Musikindustrie (Band: Alles Buch. Studien der Erlanger Nuchwissenschaft XL). URL: http://www.alles-buch.uni-erlangen.de/40_Hiller.pdf [30.01.2013, 07:55 Uhr].

HUCK, Hans (2012): Handel im Zeitalter des digitalen Publizierens. In: FEDTKE, Stephen & REINERTH, Lisa (Hrsg.): Erfolgreich Publizieren im Zeitalter des E-Books. Ein pragmatischer und zielorientierter Leitfaden für die Zukunft des digitalen Buches (S. 51-80). Wiesbaden: Springer Vieweg.

IDPF (2011, 11. Oktober): EPUB 3 Overview. URL: http://idpf.org/epub/30/spec/epub30-overview-20111011.html#sec-multimedia [05.02.2013, 11:13 Uhr].

IDPF (2013): EPUB. URL: http://idpf.org/epub [05.02.2013, 10:50 Uhr].

ISSING, Ludwig J., **KLIMSA**, Paul (Hrsg.) (1995): Informationen und Lernen mit Multimedia. Weinheim: BeltzPVU.

ISSING, Ludwig J. & **KLIMSA**, Paul (Hrsg.) (2002): Information und Lernen mit Multimedia und Internet. Weinheim: BeltzPVU.

ITWISSEN (2013): Widget. URL: http://www.itwissen.info/definition/lexikon/Widget-widget.html [19.02.2013, 10:28 Uhr].

JANELLO, Christoph (2010): Wertschöpfung im digitalisierten Buchmarkt. Wiesbaden: Gabler.

KAISER, Heribert (2006): E-Leraning an Schulen - Werkzeuge für interaktive Anwendungen im Unterricht. In: KLEBL, Michael & KÖCK, Michael (Hrsg.): Projekte und Perspektiven im Studium Digitale (S. 137-142). Berlin: LIT Verlag.

KÄMMERLE, Andreas (2012): EPUB3 und KF8 verstehen: Die E-Book-Formate EPUB3 und KF8 - Möglichkeiten und Anreicherungen im Vergleich. Tübingen: Pagina.

KEIDERLING, Thomas, **KUTSCH**, Arnulf & **STEINMETZ**, Rüdiger (Hrsg.) (2007): Buch - Markt - Theorie. Kommunikations- und medienwissenschaftliche Perspektiven. Erlangen: filos.

KEIDERLING, Thomas, **WEYRAUCH**, Erdmann (Hrsg.) (2006): Buch – Stätte. Geschichte und Perspektiven der Leipziger Buchwissenschaft. Erlangen: filos.

KEUPER, Frank & **HANS**, René (2006): Geschäftsmodelle - Erlösformen in der Medienbranche. In: SCHOLZ, Christian (Hrsg.): Handbuch Medienmanagement (S. 393-415). Berlin Heidelberg New York: Springer.

KIEFER, Reto M. (2013): Experteninterview. Wiesbaden: 22. März, 14:00 – 15:20 Uhr. Anhang C c., S. 111-119.

KLEBL, Michael & **KÖCK**, Michael (Hrsg.) (2006): Projekte und Perspektiven im Studium Digitale. Berlin: LIT Verlag.

KUHN, Axel & **BLÄSI**, Christoph (2011): Lesen auf mobilen Lesegeräten 2011. Ergebnisse einer Studie zum Lesen digitaler Texte. Medie Perspektiven (12/2011), S. 583-591.

LANDESAKADEMIE für Fortbildung und Personalentwicklung an Schulen (2013): Fachportal Wirtschaft Gymnasium URL: http://lehrerfortbildung-bw.de/faecher/wirtschaft/gym/05_hilfen/unter/grund/uziel/ [03.05.2013, 13:08 Uhr].

LE-TEX (2012): Enhanced EPUB und KF8 in einem Rutsch produzieren. Vortrag auf der Frankfurter Buchmesse 2012. URL: http://www.le-tex.de/img/presentation_2012-10_Matrisch_ebooks.pdf [05.03.2013, 08:30 Uhr].

LISCHKA, Konrad (2010, 01. Oktober): Neuheit auf E-Book-Markt: Doppelte Buchführung. URL: http://www.spiegel.de/netzwelt/web/neuheit-auf-e-book-markt-doppelte-buchfuehrung-a-720652.html [08.04.2013, 12:15 Uhr].

MACHARZINA, Klaus & **WOLF**, Joachim (2008): Unternehmensführung. Das internationale Managementwissen. Konzepte, Methoden, Praxis. Wiesbaden: Gabler.

MATRISCH, Uwe & **WELCH**, Ursula (2011): E-Books konzipieren und produzieren. Taching am See: MedienEdition Welsch.

MATRISCH, Uwe (2013): Enhanced E-Books – noch nicht im Paradies. In: Streifband. Heft 21, S. 10-11.

MAYRING, Philipp (1996): Einführung in die qualitative Sozialforschung. Weinheim: Psychologie Verlags Union.

MEFFERT, Heribert, **BURMANN**, Christoph & **KIRCHGEORG**, Manfred (2012): Marketing. Grundlagen marktorientierter Unternehmensführung. Wiesbaden: Gabler.

MEIER, Steffen (2010, 29. September): Enriched E-Books – Nicht Fisch, nicht Fleisch. URL: http://www.lesen.net/ebooks/kommentar-enriched-ebooks-nicht-fisch-nicht-fleisch-4050/ [28.03.2013, 14:54 Uhr].

MÖLLERS, Ralph (2013): Experteninterview. München: 22. März, 10:30 – 11:10 Uhr. Anhang C d., S. 119-125.

NAUMANN, Uwe (2013): Experteninterview. Reinbek: 21. März, 15:00 – 11:45 Uhr. Anhang C e., S. 125-133.

NÖTH, Ute (2013): Experteninterview. Hamburg: 25. März, 10:00 – 10:45 Uhr. Anhang C f., S. 133-139.

PRICEWATERHOUSECOOPERS (Hrsg.) (2010): E-Books in Deutschland. Der Beginn einer neuen Gutenberg-Ära? URL: http://www.pwc.de/de_DE/de/technologie-medien-und-telekommunikation/assets/E-books_in_Deutschland_-_Beginn_einer_neuen_Gutenberg-Aera.pdf [01.02.2013, 11:15 Uhr].

PRICEWATERHOUSECOOPERS (2012): Buchmarkt: Branchenumsatz stagniert 2012, Absatz von E-Books wächst kräftig. URL: http://www.pwc.de/de/pressemitteilungen/2012/buchmarkt-branchenumsatz-stagniert-2012-absatz-von-e-books-waechst-kraeftig.jhtml [30.02.2013, 12:58 Uhr].

PRICEWATERHOUSECOOPERS (2013): Überblick German Entertainment und Media Outlook 2012. URL: http://www.pwc.de/de/technologie-medien-und-telekommunikation/inhalt-german-entertainment-and-media-outlook-2012.jhtml [05.02.2013, 14:32 Uhr].

RAJEWSKY, Irina O. (2002): Intermedialität. Tübingen [u.a.]: Francke.

RAUTENBERG, Ursula (Hrsg.) (2003): Reclams Sachlexikon des Buches. Stuttgart: Reclam.

ROESLER-GRAICHEN, Michael & **SCHILD**, Ronald (Hrsg.) (2008): Gutenberg 2.0. Die Zukunft des Buches. Ein aktueller Reader zum E-Book. Frankfurt am Main: MVB Marketing- und Verlagsservice des Buchhandels GmbH.

ROESLER-GRAICHEN, Michael (2008a): Auf der Suche nach dem Standartformat. In: ROESLER-GRAICHEN, Michael & SCHILD, Ronald (Hrsg.): Gutenberg 2.0. Die Zukunft des Buches. Ein aktueller Reader zum E-Book (S. 29-36). Frankfurt am Main: MVB Marketing- und Verlagsservice des Buchhandels GmbH.

ROESLER-GRAICHEN, Michael (2008b): Das E-Book zwischen Enttäuschung und Euphorie. In: ROESLER-GRAICHEN, Michael & SCHILD, Ronald (Hrsg.): Gutenberg 2.0. Die Zukunft des Buches. Ein aktueller Reader zum E-Book (S. 9-18). Frankfurt am Main: MVB Marketing- und Verlagsservice des Buchhandels GmbH.

ROESLER-GRAICHEN, Michael (2012): Digitales Publizieren: Stand und Perspektiven. APuz - Aus Politik und Zeitgeschichte, 41-42/2012, S.8-15.

ROESLER, Alexander & **STIEGLER**, Bernd (Hrsg.) (2005): Grundbegriffe der Medientheorie. Paderborn: Wilhelm Fink Verlag.

SCHOLZ, Christian (Hrsg.) (2006): Handbuch Medienmanagement. Berlin Heidelberg New York: Springer.

SCHULZE, Bernd (2003): Mehrfachnutzung von Inhalten als Synergie-Ansatz in der Medienindustrie: Ökonomische und technologische Grundlagen von derzeit bekannten Varianten. In: HESS, Thomas (Hrsg.): Arbeitspapiere des Instituts für Wirtschaftsinformatik und Neue Medien, LMU München, Nr. 4/04, München 2004. URL: http://www.wim.bwl.uni-muenchen.de/download/epub/ab_2003_04.pdf [13.02.2013, 16:33 Uhr].

SCHULZE, Bernd (2005): Mehrfachnutzung von Medieninhalten. Entwicklung, Anwendung und Bewertung eines Managementkonzepts für die Medienindustrie. Lohmar Köln: Eul Verlag.

SCHUMANN, Matthias & **HESS**, Thomas (2006): Grundfragen der Medienwirtschaft: Eine betriebswirtschaftliche Einführung. Berlin Heidelberg New York: Springer.

SCHUSTER, Michael & **WEISS**, Michael (2001): Ecosystems - Ein neues Paradigma in der Medienindustrie. In: VIZJAK, Andrej & RINGLSTETTER, Max (Hrsg.): Medienmanagement: Content gewinnbringend nutzen. Trends, Business-Modelle, Erfolgsfaktoren (S. 109-121). Wiesbaden: Gabler.

SHAPIRO, Carl & **VARIAN**, Hal R. (1999): Information Rules. A strategic guide to the network economy. URL: http://mbauninorte.files.wordpress.com/2009/08/information-rules.pdf [23.02.2013, 17:43 Uhr].

SMARTDIGITS (2012): enhanced eBook – eine neue Gattung? URL: http://www.smart-digits.com/2012/03/enhanced-ebook-eine-neue-gattung/ [16.02.2013, 13:02 Uhr].

STIEGLER, Bernd (2005): Intermedialität. In: ROESLER, Alexander & STIEGLER, Bernd (Hrsg.): Grundbegriffe der Medientheorie (S. 114-121). Paderborn: Wilhelm Fink Verlag.

STRZEBKOWSKI, Robert (1995): Realisierung von Interaktivität und multimedialen Präsentationstechniken. Aus: ISSING, Ludwig J., KLIMSA, Paul (Hrsg.): Informationen und Lernen mit Multimedia (S. 269–303). Weinheim: BeltzPVU.

STRZEBKOWSKI, Robert (2001): Selbständiges Lernen mit Multimedia in der Berufsausbildung. Mediendidaktische Gestaltungsaspekte interaktiver Lernsysteme (S.133-174). URL: http://www.diss.fu-berlin.de/diss/servlets/MCRFileNodeServlet/FUDISS_derivate_000000002076/06_T eil1_Kap4_eLearningFormen.pdf;jsessionid=A2199E44E133866F3DA97FCF8FAB2 339?hosts= [06.02.2013, 08:14 Uhr].

TIßLER, Jan (Mit-Hrsg.) (2010): Buch der Zukunft. Germany: tredition.

TITEL, Volker (2006): Digitaler Buchmarkt. Konzepte und Strategien für Branche und Wissenschaft. In: KEIDERLING, Thomas, WEYRAUCH, Erdmann (Hrsg.): Buch – Stätte. Geschichte und Perspektiven der Leipziger Buchwissenschaft (S. 117-133). Erlangen: filos.

TITEL, Volker (2007): Chancen und Gefahr? Perspektiven der Digitalisierung für die Buchbranche. In: KEIDERLING, Thomas, KUTSCH, Arnulf & STEINMETZ, Rüdiger (Hrsg.): Buch - Markt - Theorie. Kommunikations- und medienwissenschaftliche Perspektiven (S. 197-224). Erlangen: filos.

VIZJAK, Andrej & RINGLSTETTER, Max (Hrsg.) (2001): Medienmanagement: Content gewinnbringend nutzen. Trends, Business-Modelle, Erfolgsfaktoren. Wiesbaden: Gabler.

WEBER, Kai (2012, 26. November): Video im EPUB – Herangehensweisen, Tipps und Demo-Download. URL: http://www.akeplog.de/video-im-epub-herangehensweisen-tipps-und-demo-download/ [15.03.2013, 09:52 Uhr].

WILKE, Jürgen (Hrsg.) (1999): Mediengeschichte der Bundesrepublik Deutschland. Köln Weimar Wien: Böhlau Verlag.

WILKE, Jürgen (1999): Über die leise und unaufhaltsame Revolution im Verlagswesen. Zukunft Multimedia. In: WILKE, Jürgen (Hrsg.): Mediengeschichte der Bundesrepublik Deutschland (S. 751-768). Köln Weimar Wien: Böhlau Verlag.

WILKING, Thomas (2009): Marktübersicht und Marktentwicklung. In: CLEMENT, Michael, BLÖMEKE, Eva & SAMBETH, Frank (Hrsg.): Ökonomie der Buchindustrie. Herausforderungen in der Buchbranche erfolgreich managen (S. 27-42). Wiesbaden: Gabler.

WIRTZ, Bernd W. (2006): Medien- und Internetmanagement. Wiesbaden: Gabler.

WIRTZ, Bernd W. & PELZ, Richard (2006): Medienwirtschaft - Zielsysteme, Wertschöpfungsketten und -strukturen. In: SCHOLZ, Christian (Hrsg.): Handbuch Medienmanagement (S. 261-278). Berlin Heidelberg New York: Springer.

WISCHENBART, Rüdiger (2011): The Global eBook Market: Current Conditions & Future Projections 2011. URL: http://www.publishersweekly.com/binary-data/ARTICLE_ATTACHMENT/file/000/000/522-1.pdf [30.02.2013, 11:17 Uhr].

WÜRSTL, Daniel (2011, 21. September): Unterschiede und Vergleich native Apps vs. Web Apps. URL: http://www.app-entwickler-verzeichnis.de/faq-app-entwicklung/11-definitionen/107-unterschiede-und-vergleich-native-apps-vs-web-apps [15.03.2013, 14:04 Uhr

Anhang A: Angebotserhebung angereicherter E-Books

Angereicherte E-Books der 15 größten Publikumsverlage

Autor: Titel	Warengruppe	Anreicherung	Preis	Alternative Produktvariante (Preis)
Random House URL Startseite: http://www.randomhouse.de URL Enriched: http://www.randomhouse.de/E_Book_plus_Unser_Label_fuer_Enhanced_E_Books/aid33585.rhd?men=1401&submen=2155&aid=33585 Suchkriterium: Eigene Kategorie für „ebooks plus"				
Patrick Ness, Siobhan Dowd: Sieben Minuten nach Mitternacht	Belletristik	Audiomaterial • Original Hörbuch	19,99€	E-Book (13,99€) Hardcover (16,99€) Hörspiel CD (19,99€) Hörspiel Download (19,99€)
Florian Opitz: SPEED - Auf der Suche nach der verlorenen Zeit	Sachbuch	Bildmaterial • Fotos vom Film Videomaterial • Filmsequenzen • Interview mit Autor	9,99€	E-Book (8,99€) Paperback (17,95€) Taschenbuch (9,99€)
Pierre Franckh: Einfach erfolgreich sein	Ratgeber	Videomaterial • Erläuterungen	15,99€	E-Book (13,99€) Hardcover (16,99€) Hörspiel CD (14,95€) Hörspiel Download (9,95€)
Eva-Maria Zurhorst: ida. Die Lösung liegt in dir	Ratgeber	Audiomaterial • Meditationsmusik Videomaterial • Meditier-Tipps	15,99€	Hörspiel CD (14,99€) Hardcover (19,99€)
Ingo Siegner: Der kleine Drache Kokosnuss	Kinderbuch	Animation • Visuelle Hervorhebungen des Gelesenen Audiomaterial • Vorlesefunktion	9,99€	E-Book (6,99€) Hardcover (7,99€) Hörspiel CD (7,99€) Hörspiel Download (5,95€)
Bastei Lübbe URL Startseite: http://www.luebbe.de URL Enriched: http://www.luebbe.de/Suchergebnisse/allgemein/digital_ebooks/1/titel_asc/10/ebook_enhanced/0/0 Suchkriterium: Eigene Kategorie für „enhanced E-Books" in der Suchmaske				

Titel	Genre	Angereicherte Inhalte	Preis	Weitere Formate
Micha Rau: Amelie Anders stellt die Welt auf den Kopf	Kinderbuch	Animation: • Bewegende Illustrationen; Audiomaterial: • Vorlesefunktion	9,99€	E-Book (8,99€), Hardcover (12,99€), Hörspiel CD (14,99€)
Markus Heitz: Das Angstmacherchen	Kinderbuch	Audiomaterial: • Vorlesefunktion	8,99€	Hardcover (12,99€)
Rebecca Gablé: Das Lächeln der Fortuna	Belletristik	Textmaterial: • Autoreninterview • Begrüßung • Ursprünglich entworfenes Ende	9,99€	Taschenbuch (9,99€)
Sarah Lark: Die Insel der tausend Quellen	Belletristik	Textmaterial: • Glossar • Zusätzliche Kurzgeschichte der Autorin	12,99€	E-Book (11,99€), Hardcover (12,99€), Hörspiel CD (19,99€), Hörspiel Download (12,99€)
Richard Dübell: Die Pforten der Ewigkeit	Belletristik	Textmaterial: • Glossar • Stammbaum • Unveröffentlichte Kapitel	8,49€	E-Book (8,49€), Hardcover (19,99€)
Ken Follett: Die Säulen der Erde	Belletristik	Bildmaterial: • Fotos vom Film; Interaktion: • Leser entscheidet, ob er Zusatzmaterial in Text einbindet oder im Anschluss gezeigt bekommt • Stammbaum, der mit der Entwicklung der Geschichte wächst; Textmaterial: • Auszug aus weiterem Buch Follets „Sturz der Titanen" • Tagebuch des Autors mit Eindrücken zu den Dreharbeiten; Videomaterial: • Filmausschnitte der	9,99€	E-Book (8,99€), Hardcover (24,90€), Taschenbuch (12,99€), Hörspiel CD (19,99€), Hörspiel CD bearbeitet (19,99€), Hörspiel Download (16,99€), Hörspiel Download Spezial (13,99€)

Ken Follet: Die Tore der Welt	Belletristik	Verfilmung • Making-Of-Video (mit Interviews) Bildmaterial • Fotos vom Film • Stammbäume • Zeittafel Textmaterial • Essay über die Kathedrale von Kingsbridge Videomaterial • Filmausschnitte der Verfilmung • Making-Of-Video (mit Interviews)	9,99€	Taschenbuch (12,99€) Taschenbuch Filmausgabe (12,99€)
Jodi Picoult: Ein Lied für meine Tochter	Belletristik	Audiomaterial • Lieder	15,99€	E-Book (14,99€) Hardcover (22,99€) Hörspiel CD (19,99€) Hörspiel Download (13,99€)
Timur Vermes: Er ist wieder da	Belletristik	Audiomaterial • Grußwort des Hörbuchsprechers • Hörprobe der Audioaufnahme Videomaterial • Buchtrailor • Interview mit Hörbuchsprecher	14,99€	E-Book (14,99€) Hardcover (19,33€) Hörspiel CD (19,33€) Hörspiel Download (13,33€)
Veit Etzold: Final Cut	Belletristik	Audiomaterial • Vorlesefunktion für zwei Monolog-Passagen Textmaterial • Glossar • Informationen über weiterführende Literatur und Lesetipps • Interview mit	7,49€	E-Book (6,99€) Taschenbuch (8,99€) Hörspiel CD (10,99€)

Titel	Kategorie	Material	Preis	Formate
		• Gerichtsmediziner • Kurzinterview mit Autor • Psychologische Täterprofile von Serienmördern		
Irene Wellershoff: Finn im Dschungel	Kinderbuch	Animation • Bewegende Illustrationen; Audiomaterial • Tierstimmen	12,99€	Hardcover (12,99€)
James Krüss: Henriette Bimmelbahn	Kinderbuch	Animation • Bewegende Illustrationen; Audiomaterial • Hörbuch	6,49€	E-Book (6,49€); Hardcover (17,99€)
Andreas Eschbach: Herr aller Dinge	Belletristik	Videomaterial • Begrüßungsvideo • Interview mit Autor; Textmaterial • Glossar • Weitere Kurzgeschichte	16,99€	E-Book (15,99€); Hardcover (22,00€)
Klaus Baumgart, Cornelia Neudert: Laura kommt in die Schule	Kinderbuch	Animation • Bewegende Illustrationen; Audiomaterial • Vorlesefunktion	9,99€	E-Book (9,99€); Taschenbuch (6,99€)
Anja Rieger: Lena und Paul im Schnee	Kinderbuch	Animation • Bewegende Illustrationen; Audiomaterial • Vorlesefunktion	9,99€	Hardcover (9,99€)
Bernd Stelter: Wer abnimmt, hat mehr Platz im Leben	Sachbuch	Videomaterial • Begrüßungsvideo • Interview mit Autor	8,49€	E-Book (8,49€); Hardcover (18,00€); Hörspiel CD (10,99€); Hörspiel Download (10,99€)
Ken Follett: Winter der Welt	Belletristik	Bildmaterial • Fotos vom Film • Stammbäume • Zeittafel; Videomaterial • Filmausschnitte der Verfilmung • Interview mit Autor	22,99€	E-Book (22,99€); Hardcover (29,99€); Hörspiel CD (29,99€); Hörspiel Download (20,99€)

S.Fischer
URL Startseite: http://www.fischerverlage.de
URL Enriched: http://www.fischerverlage.de/buecher/apps/lieferbar
Suchkriterium: Schlagworte „App" und „interaktiv"

Titel	Typ	Textmaterial / Anreicherung	Preis	Format
		Textmaterial • Personeninformationen • Stammbäume • Historische Landkarten		
Martin Powell: Batman 01-Der Nebel des Grauens (interaktiv)	Kinderbuch	Animation • Bewegende Illustrationen, Audiomaterial • Soundeffekte, Interaktion • Rätsel	6,49€	E-Book (6,49€), Hardcover (7,99€)
Paul Kupperberg: Superman 01-Der Meteor des Verderbens (interaktiv)	Kinderbuch	Animation • Bewegende Illustrationen, Audiomaterial • Soundeffekte, Interaktion • Rätsel	6,49€	E-Book (6,49€), Hardcover (7,99€)
Brüder Grimm: Dornröschen – Original Grimms Märchen (interaktiv) (Außerdem erhältlich: „Der Froschkönig" und „Rotkäppchen", gleiche Anreicherung)	Kinderbuch *App*	Animation • Bewegende Illustrationen, Audiomaterial • Sound • Vorlesefunktion, Interaktivion • Rätsel • Sprachwahl deutsch-englisch	7,99€	

Rowohlt
URL Startseite: http://www.rowohlt.de
URL Enriched: http://www.rowohlt.de/sixcms/detail.php?template=rr_suche_buecher&v=digitalbuch+plus&x=15&y=11
Suchkriterium: Schlagwort „Digitalbuch plus"

Titel	Typ	Textmaterial / Anreicherung	Preis	Format
Johannes Wickert: Albert Einstein. Digitalbuch-Plus-Version	Sachbuch	Audiomaterial • Interview mit einem Physikprofessor • Tonaufnahmen des Physikers	12,99€	E-Book (8,49€), Taschenbuch (8,95€)

- Vorlesefunktion für Faksimiles

Textmaterial
- Faksimiles von Briefen und Manuskripten Einsteins
- Personeninformationen

Videomaterial
- Seltene Dokumentarfilmaufnahmen
- Interview mit Autor

Titel	Genre	Anreicherungen	Preis	Weitere Ausgaben
Sascha Lobo: Strohfeuer. Digitalbuch-Plus-Version	Belletristik	Interaktion • Möglichkeit zur Kontaktaufnahme mit Autor	18,99€	E-Book (8,99€) Taschenbuch (8,99€) Hardcover (18,95€)
Thorsten Havener: Ich weiß, was du denkst. Digitalbuch-Plus-Version	Sachbuch	Audiomaterial • Tonaufnahmen von Experimenten Videomaterial • Videos von Experimenten	12,99€	E-Book (9,99€) Paperback (12,00€)
Tobias Zimmermann: Meilenweit für kein Kamel. Digitalbuch-Plus-Version	Sachbuch	Interaktion • Möglichkeit zur Kontaktaufnahme mit Autor Videomaterial • Filmmaterial	12,99€	E-Book (9,49€) Taschenbuch (9,95€)

Droemer Knaur
URL Startseite: http://www.droemer-knaur.de
URL Enriched: http://www.droemer-knaur.de/sixcms/detail.php?fulltext=enhanced&template=dkr_suche_start
Suchkriterium: Schlagwort „enhanced"

Titel	Genre	Anreicherungen	Preis	Weitere Ausgaben
Sabine Ebert: 1813 - Kriegsfeuer	Belletristik	Bildmaterial • Kartenmaterial • Illustrationen zu den Uniformen um 1813 Textmaterial • Informationen zum Lazarettwesen und der napoleonischen Mode • Kurzbiografien ausgewählter	21,99€	Hardcover (24,99€)

Titel	Genre	Anreicherung	Preis	Format
Volker Klüpfel, Michael Korb: Herzblut	Belletristik	Persönlichkeiten • Original Zeitungsdokumente Textmaterial • Ausgabe der fiktiven Zeitung aus dem Roman • Erläuterungen zu Personen • Übersetzungshilfe • Allgäuerisch-Deutsch	17,99€	Hardcover (19,99€)
Bademeister Schaluppke: Chlorreiche Tage	Belletristik	Audiomaterial • Lesungsmitschnitte	8,99€	Taschenbuch (8,99€)
Lisa Freund: Geborgen im Grenzenlosen	Ratgeber	Audiomaterial • Meditationsmusik und Anleitungen zum Mitmachen	17,99€	Hardcover incl. CD (19,99€)
Antje Maly-Samiralow, Wolfgang Maly: Die Maly-Meditation	Ratgeber	Audiomaterial • Meditationsmusik und Anleitungen zum Mitmachen	16,99€	Quality Paperback incl. CD (18,99€)
Janika Nowak: Das Lied der Banshee	Belletristik	Textmaterial • Mythenlexikon • „Behind the Scenes" mit Erläuterungen, wie Figuren entstanden sind	12,99€	Hardcover (14,99€)

dtv
URL Startseite: http://www.dtv.de
URL Enriched: http://www.dtv.de/ebooks_977.html
Suchkriterium: Eigene Kategorie für „Apps"

Es gibt *Apps*, diese sind jedoch die digitale Version der Printausgabe

Titel	Genre	Anreicherung	Preis	Format
Lesemaus (Buchreihe)	Kinderbuch	Animation • Bewegende Illustrationen Audiomaterial • Vorlesefunktion Interaktion	2,99€	Softcover (3,99€)

Carlsen
URL Startseite: http://www.carlsen.de
URL Enriched: http://www.carlsen.de/digitale-produkte/lesemaus
Suchkriterium: Eigene Kategorie für Apps und „Lesemaus"

Pixi-Bücher (Buchreihe)	Kinderbuch Diverse **Apps**	Mini-Spiele • Suchbilder • Textmaterial • Basteltipps	0,89€ Softcover (0,59€)	Animation • Bewegende Illustrationen Audiomaterial • Soundeffekte • Vorlesefunktion Interaktion • Mini-Spiele • Suchbilder • Soundrecorder Textmaterial • Basteltipps

Ravensburger
URL Startseite: http://www.ravensburger.de
URL Enriched: http://www.ravensburger-games.com/mobile-apps/alle-mobile-apps.html
Suchkriterium: Kategorie „Ravensburger Digital" mit Apps (nur durch intensives Suchen gefunden)

„Living Stories": Das verlorene Herz (Buchreihe)	Kinderbuch **App**	3,59€	Animation • Bewegende Illustrationen Audiomaterial • Vorlesefunktion Interaktion • Suchbilder • Mini-Spiele Textmaterial • Basteltipps Es gibt weitere Bilderbuch-Apps, angereichert mit animierten Illustrationen

Ullstein Verlage
URL Startseite: http://www.ullsteinbuchverlage.de
Keine Ergebnisse

Piper
URL Startseite: http://www.piper-verlage.de
Keine Ergebnisse

Oetinger-Gruppe
URL Startseite: http://www.oetinger.de
URL Enriched: http://www.oetinger.de/buecher/apps.html
Suchkriterium: Eigene Kategorie für Apps, restlichen Bücher durch Zufall unter den E-Books gefunden

Alison Bland:	Kinderbuch	1,79€
App - Einmal, als Bär	*App*	
richtig der Pelz juckte		

Animation
- Bewegende Illustrationen

Audiomaterial
- Vorlesefunktion

Interaktion
- Soundrecorder
- Suchrätsel

Nick Bland:	Kinderbuch	2,69€
App - Das falsche Buch	*App*	

Animation
- Bewegende Illustrationen

Audiomaterial
- Soundeffekte
- Vorlesefunktion

Interaktion
- Animation auslösen:
- Elemente aufpoppen lassen
- Soundrecorder

Astrid Lindgren:	Kinderbuch	3,59€
App - Kennst du Pippi	*App*	
Langstrumpf		

Animation
- Bewegende Illustrationen

Audiomaterial
- Soundeffekte
- Vorlesefunktion

Bildmaterial
- Zusätzliche Illustrationen

Interaktion
- Animation auslösen:
- Elemente aufpoppen lassen
- Malbilder
- Sound auslösen
- Soundrecorder
- Spiele

Titel	Typ	Funktionen	Preis
Kirsten Boie: App - Der kleine Pirat	Kinderbuch *App*	Animation • Bewegende Illustrationen Audiomaterial • Atmosphärische Musik • Soundeffekte • Vorlesefunktion Interaktion • Animation auslösen: • Elemente aufpoppen lassen • Malbilder • Seitenübersicht / -navigation • Sound auslösen • Spiele • Zusatzfunktionen ein- oder ausblenden	2,69€
Clement Clarke Moore: App - Weihnachts-Gutenachtgeschichte: Als der Nikolaus kam	Kinderbuch *App*	Animation • Bewegende Illustrationen • Visuelle Hervorhebungen bei Vorlesefunktion Audiomaterial • Vorlesefunktion • Soundeffekte • Atmosphärische Musik Interaktion • Animation auslösen: • Elemente aufpoppen lassen • Sound auslösen • Spiele	1,79€
Erhard Dietl, Robert Missler: App - Die Olchis - Ein Drachenfest für Feuerstuhl	Kinderbuch *App*	Animation • Bewegende Illustrationen Audiomaterial • Vorlesefunktion • Soundeffekte • Atmosphärische Musik Interaktion • Animation auslösen: • Elemente aufpoppen lassen • Spiele	3,59€

Erhard Dietl, Robert Missler: enhE-Book - Die Olchis allein zu Haus	Kinderbuch	• Seitenübersicht / -navigation • Sprachwahl deutsch-englisch Animation • Bewegende Illustrationen • Wort-Hervorheben Audiomaterial • Soundeffekte • Vorlesefunktion	1,99€
Nina Hammerle: enhE-Book - Lumis Feentraum	Kinderbuch	Animation • Bewegende Illustrationen • Visuelle Hervorhebungen der Vorlesefunktion Audiomaterial • Soundeffekte • Vorlesefunktion	1,99€
		Es gibt weitere Bücher mit den gleichen Features	

Egmont-Holding
URL Startseite: http://www.egmont-vg.de
Keine Ergebnisse

Herder
URL Startseite: http://www.herder.de/start_html
Keine Ergebnisse

Langen Müller Herbig
URL Startseite: http://www.herbig.net
Keine Ergebnisse

Diogenes
URL Startseite: http://www.diogenes.de
Keine Ergebnisse

Angereicherte E-Books des größten Reisebuch-Verlages

Autor: Titel	Warengruppe	Anreicherung	Preis	Alternative Produktvariante (Preis)

Mairdumont
URL Startseite: http://www.mairdumont.com/de/index.html
URL Enriched: http://shop.marcopolo.de/Produkte/E-Books-Apps & http://shop.dumontreise.de/Produkte/E-Books-Apps/Apps
Suchkriterien: Jeweils bei Marco Polo und Dumont eigene Kategorie „E-Books & Apps"

Autor: Titel	Warengruppe	Anreicherung	Preis	Alternative Produktvariante (Preis)
MARCO POLO Berlin erleben	Reiseführer **App**	Audiomaterial • Podcasts; Bildmaterial • Offline-Stadtplan • Zusätzliche Fotos; Interaktion • Routing-Funktion; Videomaterial • Videos über Berlin	10,99€	Softcover (11,99€) (Als Vergleichsprodukt hier: Berlin. MARCO POLO Reiseführer)
DUMONT REISE-APP für diverse Reiseziele	Reiseführer **App**	Interaktion • Interaktive Umgebungskarten (online)	8,99€	Softcover (16,99€)

Angereicherte E-Books der zehn größten Wissenschaftsverlage

Autor: Titel	Warengruppe	Anreicherung	Preis	Alternative Produktvariante (Preis)

Springer Science+Business
URL Startseite: http://www.springer.com/?SGWID=1-102-0-0-0
Keine Ergebnisse

Wolters Kluwer
URL Startseite: http://www.wolterskluwer.de
Keine Ergebnisse

Haufe
URL Startseite: http://www.haufe.de
Keine Ergebnisse

Weka
URL Startseite: http://www.weka.de
Keine Ergebnisse

C.H. Beck
URL Startseite: http://www.beck-shop.de
Keine Ergebnisse

Thieme
URL Startseite: https://www.thieme.de/de/index.htm
Keine Ergebnisse

Deutscher Fachverlag
URL Startseite: http://www.dfv-fachbuch.de
Keine Ergebnisse

Rentrop
URL Startseite: http://www.vnrag.de
Keine Ergebnisse

Wiley-VCH
URL Startseite: http://www.wiley-vch.de/publish/dt/
Keine Ergebnisse

Vogel Medien
URL Startseite: http://www.vogel.de
Keine Ergebnisse

Angereicherte E-Books der drei größten Schulbuchverlage

Autor: Titel	Warengruppe	Anreicherung	Preis	Alternative Produktvariante (Preis)
Klett				

Klett
URL Startseite: http://www.klett.de
URL „Enriched": http://www.klett.de/ebook
Suchkriterium: Eigene Kategorie „Digitales Schulbuch"

„Digitaler Unterrichtsassistent" (für diverse Schulbücher)	Schulbuch	Wird als Enriched E-Book bezeichnet, ist aber eine CD-Rom, die das Buch darstellt
„Digitales Schulbuch" (für diverse Fächer)	Schulbuch	Wird (anders als bei Cornelson und Westermann) als Enriched E-Book bezeichnet, ist aber ein Download und computergebunden

Cornelson
URL Startseite: http://www.cornelsen.de
URL „Enriched": http://www.cornelsen.de/digitale-schulbuecher/1.c.3100865.de
Suchkriterium: Eigene Kategorie „Digitales Schulbuch"

„Digitales Schulbuch"	Schulbuch	Digitale Version der Printausgabe, computergebunden

Westermann
URL Startseite: http://www.westermann.de
URL „Enriched": http://www.westermann.de/digitales-schulbuch/
Suchkriterium: Eigene Kategorie „Digitales Schulbuch"

„Digitales Schulbuch"	Schulbuch	Digitale Version der Printausgabe, computergebunden

Angereicherte E-Books der fünf umsatzstärksten Ratgeberverlage plus Kosmos

Autor: Titel	Warengruppe	Anreicherung	Preis	Alternative Produktvariante (Preis)
Gräfe Unzer URL Startseite: http://www.gu.de URL Enriched: http://www.gu.de/ebooks-und-apps/ Suchkriterium: Eigene Kategorie „E-Books & Apps", dennoch Suche mit dem Schlagwort „Interaktiv" nötig				
Nicole Stich: Sweets	Ratgeber (Kochbuch)	Interaktion • Einkaufsliste	13,99€	Softcover (16,99€)
Nicole Just_ La Veganista	Ratgeber (Kochbuch)	Interaktion • Einkaufsliste Videomaterial • Rezeptvideos	13,99€	Softcover (16,99€)

Titel/Autor	Kategorie	Features	Preis	Format
Stefan Marquard: Blitzküche – Special Edition	Ratgeber (Kochbuch)	Animation • Bewegende Illustrationen Bildmaterial • Kochanleitung als Slide-Show Interaktion • Einkaufsliste • „virtueller Kochtopf"	14,99€	Softcover (16,99€)
Delia Grasberger: Autogenes Training	Ratgeber	Audiomaterial • Begrüßung • 15 minütige Anleitungen und Übungen Es gibt Apps mit den gleichen Features	1,79€	Softcover mit CD (16,99€)

Vemag*

URL Startseite: http://www.vemag-medien.de
URL Enriched: https://www.buchshop100.de/eBooks/11181/Buecher/Software.jsp
Suchkriterium: Schlagworte „App" und „interaktiv"
*zählt trotz Kinderbuchkategorie eher zu den Ratgeberverlagen, da das Kinderbuch nicht Programmschwerpunkt ist

Titel/Autor	Kategorie	Features	Preis	Format
Meine erste Kinderbibel - Zum Lesen und Hören –	Kinderbuch	Audiomaterial • Vorlesefunktion	3,99€	E-Book (3,99€)
Dr. Hans W. Kothe: Gefährliche Tiere - Interaktiv – eBook	Kinderbuch	Animation • Bewegende Illustrationen Audiomaterial • Zusatzinformationen Bildmaterial • Fotoshows	3,99€	
Petra Ignatzy: Autos - Interaktiv – eBook	Kinderbuch	Animation • Automobiltechnik-Animationen Bildmaterial • Fotoshows • Steckbriefe der Automodelle Textmaterial • Zusatzinformationen	3,99€	
Lena Steinfeld: Richtig schlau! Unsere Erde	Kinderbuch	Interaktion • Spiele und Rätsel	3,99€	Hardcover (7,99€)

Titel	Typ	Angereicherte Inhalte	Preis	Format
Lisa Maurer: Schau genau: Pferde und Ponys	Kinderbuch	Animation • Bewegende Illustrationen, Audiomaterial • Vorlesefunktion, Interaktion • Rätsel	2,99€	Hardcover (7,99€)

Langenscheidt
URL Startseite: http://www.langenscheidt.de
Keine Ergebnisse

Delius Klasing
URL Startseite: http://www.delius-klasing.de/home
Keine Ergebnisse

Eugen Ulmer
URL Startseite: http://www.ulmer.de
Suchkriterium: Eigene Kategorie für „Apps", jedoch keine Inhalte

Kosmos
URL Startseite: http://www.kosmos.de
URL Enriched: http://www.kosmos.de/search-909-909/quicksearch/result/
Suchkriterien: Eigene Kategorie für „Apps" und Schlagwortsuche innerhalb der E-Books

Titel	Typ	Angereicherte Inhalte	Preis	Format
Sigrid Schöpe: Bodenarbeit mir Pferden- Abwechslungsreiche Übungen, die Spaß machen (Enhanced Edition)	Ratgeber	Videomaterial • Video mit Trainingseinheiten	9,99€	E-Book (9,95€)
Boris Pfeiffer: Die Drei ???: Angriff der Roboter (8) - Enhanced Edition	Ratgeber	Animation • Bewegende Illustrationen, Audiomaterial: • Autoreninterview, Textmaterial • Informationen zur Buchreihe, Autor und Illustrator	6,99€	E-Book (5,99€)
Ulrich Schmid: Welcher Gartenvogel ist	Ratgeber	Audiomaterial: • Hinterlegte Vogelstimmen	12,99€	Softcover mit Ting-Funktion für

			Vogelstimmen (12,99€)
das? - Enhanced Edition mit Vogelstimmen			
Linda Tellington-Jones: TTouch für Pferde	Ratgeber *App*	Textmaterial • Weitere Erläuterungen und Empfehlungen zum Weiterlesen Videomaterial: • Erläuterungsvideos	3,59€
Muscheln und Schnecken sicher bestimmen	Ratgeber *App*	Bildmaterial • Weitere Fotos und Karten Interaktion • Verschiedene Sortierung der Artenlisten • Vergleich der Arten durch Wischen Weitere Apps (aber ähnliche Art der Anreicherung)	9,99€

Anhang B: Abgrenzung von angereicherten E-Book-Versionen

Im Zuge der Systematisierung und Kategorisierung der Anreicherungsarten (siehe 5.2 und 5.3) wurde ein Namens- und Abgrenzungskonzept für verschiedene enriched E-Book-Versionen entwickelt. Obwohl es nicht zur Zielführung der Arbeit gehört, soll es dennoch hier im Anhang seinen Platz finden. Der Entwurf setzt an der beschriebenen Kommunikationspolitik der Verlage an, die sich in uneinheitlichen Namens- sowie Produktkonzepten äußert. Dieses Namenschaos sorgt für Verwirrung der Konsumenten und steht der Bildung einer klaren Erwartungshaltung im Weg (siehe 7.3.2.1).

Aufbauend auf die Kategorisierung der Anreicherungsarten und die Unterscheidung zwischen statischen und zeitbasierten Medien sowie zwischen basaler und erweiterter Interaktivität bildet sich ein Ansatz für drei verschiedene Abgrenzungen und Charakterisierungen von angereicherten E-Books:

1) Durch die Definition von Multimedia (siehe 3.1), dass nur die Kombination statischer Elemente wie Text, Standbild oder Grafik mit zeitbasierten wie Video- oder Audiosignalen als multimedial bezeichnet werden kann, wird die Anreicherung mittels statischer Schrift und Bild von den übrigen zeitbasierten Anreicherungsarten abgegrenzt.

   In Anlehnung an die bereits im 17. Jahrhundert angewandte Extraausstattung von Büchern durch diverse Beilagen (Illustrationen, Handschriften, sonstige Dokumente wie z.B. Korrekturbogen) wird hierfür der Name **„Extended E-Book"** eingeführt (Hiller & Füssel, 2002, S. 114). Extended E-Books verfügen lediglich über die Funktionen der Basis-Interaktivität.

2) Abgegrenzt von den nur mit statischen Schrift- und Bildelementen angereicherten Extended E-Books werden E-Books mit statischen *und* zeitbasierten multimedialen Elementen, deren Funktionsumfang nicht über die der Basis-Interaktivität hinaus geht, als **„Multimedia E-Book"** (alternativ: **Multimedia-Book**) bezeichnet.

3) Multimedia E-Books, deren Interaktivität auch als erweitert eingestuft werden kann und die dem Leser in quantitativer und qualitativer Hinsicht einen Mehrwert bieten können, wird der (bereits am Markt etablierte) Name **„Enhanced E-Book"** zugewiesen.

Tabelle 7 visualisiert dieses Konzept mit den bisherigen Ergebnissen der Systematisierung (siehe 5.2.3) und liefert einen Überblick, wie man verschiedene E-Book-Versionen voneinander abgrenzen könnte.

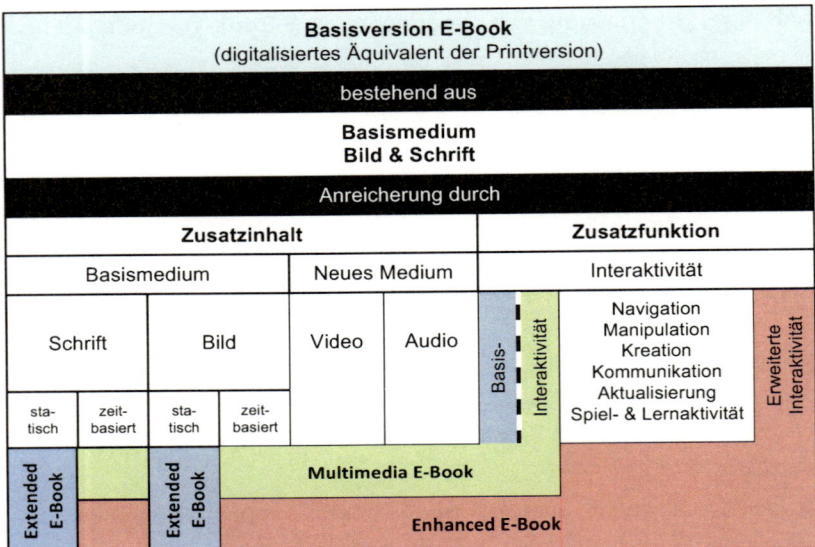

Tab. 7: Abgrenzung enriched E-Book Versionen
(Quelle: Eigene Darstellung)

Sicherlich sind bei diesem Definitionsansatz klare Einschränkungen vorzunehmen. Allein die genaue Trennung zwischen Basis- und erweiterter Interaktivität ist nicht immer gegeben und die Differenzierung ist besonders für den Kunden nicht leistbar. Der fließende Übergang von Basis- zu erweiterter Interaktivität lässt eine Abgrenzung zwischen Multimedia E-Book und enhanced E-Book nur schwer zu. Da der Ansatz der Unterscheidung zwischen basaler und erweiterter Interaktivität außerhalb der Theorie wohl kaum zum Tragen kommt, müssen Multimedia- und enhanced E-Books in der Praxis als nicht trennbare Kategorien gleichgesetzt werden.

Doch bedenkt man das derzeitige gravierende Problem der Endgeräte, insbesondere der E-Reader, zeitbasierte Medieninhalte (noch) nicht wiedergeben zu können, wäre durch die auf statischen Elementen basierende extended Version für interessierte Kunden die Option gegeben, eine angereicherte Ausführung zu kaufen, ohne dabei auf die Formatkompatibilität oder einen benötigten Funktionsumfang des Lesegerätes achten zu müssen. Die Verlage würden in der Übergangszeit zu einer flächendeckenden Verbreitung von interaktionsfähigen Multimedia-Devices Alternativen für ältere Lesegeräte bereitstellen (und könnten so eine Programmierung von kundenfreundlichen Fall-Backs umgehen). Weiterhin kann die Unterscheidung dieser drei bzw. zwei angereicherten Varianten eine Orientierung für den Kunden bieten, die ihm nicht nur die Suche, sondern auch die Einordnung in Preisklassen erleichtert.

Einem Großteil der Anlaufprobleme, mit welchen die Produktkategorie der enriched E-Books momentan noch schwer zu kämpfen hat, wäre durch eine einheitliche, branchenübergreifende und stringente Marktkommunikation Rechnung getragen. Dieser Definitionsansatz soll zeigen, wie es aussehen kann, aber nicht muss.

Anhang C: Experteninterviews

a. Interview Frau X, *X-Verlag*

Interview mit Frau X *(21. März 2013, Telefoninterview)*
Leitung Digital Publishing bei *X-Verlag*

Frau X ist seit 1990 im Bereich des Elektronischen Publizierens tätig und ist mit der Strukturierung von digitalen Inhalten und deren technischen Produktkonzeption bestens vertraut. Sie war lange in Verlagen mit Schwerpunkt "Fachinformationen" für Off-line-Produkte, Online-Datenbanken und E-Learning-Anwendungen zuständig. Seit 2011 ist Frau X beim X-Verlag für die Realisierung von E-Produktionen wie enhanced E-Books, Apps, Datenbanken und Produkt-Websites verantwortlich.

Frau X gab im Vorlauf des Gesprächs ihre Zustimmung zur Tonbandaufnahme und zur Namensnennung bei der Datenverwertung.

Frau X, wie würden Sie enriched E-Book definieren?

Ein enriched E-Book ist immer ein E-Book, das mehr bietet als das gedruckte Buch, und zwar medial gesehen. Sprich ein E-Book, welches die Möglichkeiten des Anzeigegerätes zur Gänze oder zumindest großen Teilen nutzt.

Interaktivität ist also nicht dringend notwendig und es geht beim enriched E-Book eher um den Multimediainhalt?

Wir haben bei den enhanced E-Books im Moment das Problem der Anzeige beziehungsweise eine Beschränkung durch die Geräte. Technisch ist alles machbar, die E-Reader können es lediglich nicht anzeigen. Ich kann dem Kunden nur das anbieten, was ihm sein Gerät wiedergibt.

Jetzt gibt es ja viele E-Books am Markt, die als enriched bezeichnet werden, obwohl sie im Vergleich zum E-Book zum Beispiel *nur* über eine weitere Audio-Datei verfügen.
Wie sehen Sie die Situation, dass so viel als enriched bezeichnet wird? Könnten Sie eine Abgrenzung festmachen.

Es ist ein verständlicher Schritt, Materialien einfach hinzuzufügen, die leicht verfügbar sind. Doch das würde ich faktisch nicht als enhanced E-Book bezeichnen.

Was hat den Titel enriched verdient?

Das was ich zu Anfang gesagt habe: Ein Titel, welcher der bestmöglichen Nutzung des Abspielgeräts entspricht.

Wie würden Sie die aktuelle Marktsituation beschreiben?

Das ist nicht einfach. Ich denke, da sprechen wir noch nicht von Erfolgen, sondern auf Seiten der Verlage von ersten Gehversuchen.
Ich glaube die Situation ist deshalb schwierig, da der Kunde bei allem, was auf elektronischen Endgeräten abgespielt wird, eher etwas Spektakuläres erwartet. Aber ein Buch ist erst einmal per se nicht spektakulär.

Würden Sie sagen, dass von Verlagsseite zu wenig Marketing gemacht wird?

Man kann natürlich Marketing machen, aber wo führt das hin? Wenn die Geräte das aufwendig angereicherte E-Book nicht abspielen können, dann nutzt das Marketing auch gar nichts.

An sich trifft das enriched E-Book aber den Zahn der Zeit und das neue Mediennutzungsverhalten?

Noch nicht. Das ist noch zu entwickeln. Der absolute Marktführer im E-Bereich ist das klassische E-Book. Es wird ganz klassisch auf E-Readern oder anderen Endgeräten die 1:1 Übertragung der Printversion gelesen. Das ist nicht spannend. Aber das ist das, was momentan die Vorherrschaft hat.

Sie gehen trotzdem davon aus, dass sich das ändern wird? Sonst wären Sie in diesem Sektor nicht so aktiv, oder?

Ja, definitiv. Das wird sich auf breiter Front ändern. Das glaube ich schon.

Welche Warengruppen erscheinen Ihnen prädestiniert zur Anreicherung?

Besonders geeignet erscheinen momentan Kinderbücher, Kochbücher, Reiseführer und Reisebücher. Sicherlich auch Lehrbücher. Titel, die aus einem didaktischen Ansatz heraus in ein elektronisches Umfeld transferiert werden können.

Was gilt es bei einem Konzept für ein erfolgsversprechendes enriched E-Book zu bedenken?

Verlage brauchen vor allem einen Autor, der das Werk medial denken kann. Und auf Kundenseite sollte im Ergebnis klar erkennbar sein, weshalb er jetzt zusätzlich oder anstatt des gedruckten Buches die elektronische Variante kaufen soll. Der Kunde sollte wirklich das Gefühl haben, dass er einen Mehrwert bezieht. Einen Mehrwert, der für ihn anhaltend ist.

Sie haben eben schon gesagt, dass der Autor das Werk medial denken muss. Denken Sie, es wird in Zukunft vermehrt „Enriched-Onlys" ohne Print- oder E-Book-Vorgänger geben?

Ja. Das kann ich mir sehr gut vorstellen. Ich finde vor allem der umgekehrte Weg, den wir gerade bestreiten, ist der unglücklichere. Wenn man Konzepte für die Endgeräte machen und die medialen Möglichkeiten ausnutzen würde, dann käme man auf andere Inhalte-Zusammenstellungen. Davon bin ich überzeugt.

Zur technischen Produktion: Woher kommt in Ihrem Haus der Content für die mediale Anreicherung? Über Rechte und Lizenzen oder produzieren Sie selber?

Wir haben bisher nur Titel gemacht, die in sich geschlossen weiter entwickelt wurden.

Bei den „Superhelden" zum Beispiel bewegen wir uns im Bild. Wenn man eine Animation in ein Bild integriert, dann zeichnet man Sequenzen neu. Man erhält eine Anreicherung im Kontext des bestehenden Inhaltes.

Wie ist das bei der funktionalen Anreicherung und der technischen Umsetzung? Arbeiten Sie hier mit Dienstleistern zusammen?

Ja, ganz genau.

Besteht der Gedanke, diese IT-Spezialisten ins Haus zu holen?

Nein.

Sie haben eben schon etwas zum Personal gesagt. Wie unterscheidet sich Ihrer Ansicht nach der Workflow eines enriched E-Books im Vergleich zum Printbuch?

Man kann sagen, wenn der Ursprung ein Printbuch war, dann hat man mit dem enriched E-Book ein ganz neues Projekt. Bei der 1:1 Umsetzung der Printversion in ein XML-E-Book ist für den Lektor erst mal keine inhaltliche Beteiligung erforderlich. Aber in dem Moment, wo wir in irgendeiner Form anreichern, ist der Lektor zu allen Fragen der inhaltlichen Umsetzung, beteiligt. Auch die Herstellung und das Marketing werden sich mit den die neue Produktform betreffenden Fragen beschäftigen.

Sie haben bereits die App angesprochen. Sehen Sie die Zukunft des angereicherten E-Books dennoch in einem E-Book-Format?

Also es wird in jedem Fall so sein, dass das elektronische Buch der Zukunft anzureichern beziehungsweise neu zu denken ist. Was das dann ist, ob HTML 5 oder EPUB 3, oder etwas gänzlich anderes, ist egal. Hauptsache die Reader können es wiedergeben und der Kunde kann verstehen, wo sein Mehrwert ist.

Die App ist generell zu teuer?

Das Konzept des App-Stores ist nicht tauglich für die Buchbranche. Die Angebote sind so überbordend, dass Sie Probleme haben, überhaupt das Passende zu finden. Der App-Store verfügt nicht über genügend Struktur, die es erlaubt, ein Buch von dem Spieleangebot abzuheben.

Die Produktion ist im Allgemeinen sehr kostenintensiv. In welchen Punkten sehen Sie die größten Kostentreiber der Anreicherung?

Ganz klar in der technischen Entwicklung und Programmierung.
Wenn man diese Entwicklung für Individualprodukte macht, dann ist es einfach zu teuer. Wir haben jetzt versucht, bei den „Superhelden" eine Produktionsstrecke aufzubauen. Dabei haben wir von vornherein die Produktion von 20 Titeln verabredet. Dabei musste die Entwicklungsumgebung gewissen engen Kriterien folgen, da wir keine Zeit hatten, das irgendwann (*betont*) fertig stellen zu lassen. Der Fertigstellungstermin war der ET des Buches und der war in der ganz nahen Zukunft. Wir haben drei Monate vor ET mit der Entwicklung des Fixed Layouts angefangen.
Der Kostentreiber ist immer die technische Entwicklung und man muss dem Konzept auch ein Budget mitgeben und dann die Machbarkeit gut überlegen.

Das heißt, der zusätzliche Content zur medialen Anreicherung ist nicht wirklich ein Kostentreiber?

Nein. Nicht zwingend.

Werden sich die Kostentreiber in Zukunft ändern?

Ich denke nicht. Man muss wirklich den Fokus auf die Verwendung von Produktions-schritten für mehrere Produkte legen.
Wenn Sie sich im Medienbereich auskennen wissen Sie, dass besonders durch große Mengen oder die Bündelung im Einkauf versucht werden kann, gute Preise zu realisie-ren. So lange das nicht für E-Books und auch im App-Bereich möglich wird, werden sich die Kosten nicht ändern. Immer wenn wir solitäre Produkte entwickelt und produ-ziert haben, waren diese zu teuer.

Am Ende der Kette steht der Leser. Wie sehen Sie die Möglichkeiten zur Preisge-staltung für enriched E-Books? Viele Verlage setzten die Preise des enriched E-Books in Höhe der Printausgabe an. Wie sehen Sie diese Preisstrategie?

Der Preis des Printwerks sollte auch bei einer 1:1 Übertragung ins E-Book mindestens gleich angesetzt werden. Schließlich ist es ja der gleiche Inhalt. Aber in dem Moment, in dem ich eine andere Content-Aufbereitung habe, wie es beim enriched E-Book der Fall ist, sollten Verlage natürlich in der Preisgestaltung wieder neu ansetzen.

Sie sehen also durchaus Potential nach oben?

Schon. Aber das kommt natürlich auch immer auf das Produkt an und wer die Ziel-gruppe ist. Aus einem Kinderbuch wächst das Kind innerhalb von einem halben Jahr heraus. Bildbände dagegen sind eher zeitlose Produkte. Warum also nicht auch einen deutlich höheren Preis verlangen, wenn die Bücher dementsprechend hochwertig an-gereichert und aufbereitet wurden.

Sehen Sie durch angereicherte E-Books die Möglichkeit, neue Zielgruppen zu erschließen? Oder alte Leser erneut zu generieren?

Ich würde meinen, es ist die gleiche Zielgruppe wie sonst auch. Es könnte vielleicht sein, dass sich die Leser nochmal für ein anderes Produkt interessieren, einfach da sie ihr Wissen auf eine neue Art vertiefen möchten.
Ich habe auch schon die Erfahrung gemacht, dass Kinder ein elektronisches Produkt sehen und dann nach dem Buch fragen. Also es kann sich auch in die andere Richtung befruchten. Ich denke, das enriched E-Book wird seinen Platz neben dem bisherigen Angebot finden.

Denken Sie, das enriched E-Book bleibt ein Nischenprodukt oder kann es sich zum Massenmarkt entwickeln? Oder ist es etwas dazwischen?

Momentan sehe ich es nicht als Massenmarkt. Nein, tatsächlich nicht. Wenn ich ein Buch lese, bin ich in der Ausformung meiner Phantasie vollkommen offen. Bei einem enriched E-Book werde ich hingegen geleitet. Und ob das eine Masse erreichen wird, da bin ich mir nicht sicher.

Im Moment gibt es keinerlei Zahlen im Bereich der angereicherten E-Books. Könnten Sie einen Wert nennen, bei welchem Marktanteil sich der Markt bei-spielsweise in fünf Jahren befinden könnte?

(Holt den Taschenrechner heraus) Im Moment stehen wir bei einer Titelreihe bei 0,0015 Prozent. Bei einer hundertprozentigen Steigerung würden wir dann schon.... (beide lachen). Sie wissen was ich meine?

Ja, ich verstehe durchaus, was Sie sagen möchten.

So toll eine hundertprozentige Steigerung wäre – sie wäre noch nicht einmal messbar. Es kommt wirklich sehr auf die technischen Möglichkeiten der Endgeräte und deren Attraktivität für den Endkunden = Preisgestaltung an.
Ich habe es gerade in Leipzig auf der Buchmesse wieder erlebt. Es kommen die Kinder: „Ah ja! Das läuft auf dem *iPad!?* Oh, haben wir keins.", dann kommen die Eltern: „Ah, das läuft nur auf dem *iPad?!* Hmm, ne. Haben wir keins." Dann kommen die Lehrer: „Ach, das läuft nur auf dem *iPad!?* Dann muss ich mal unseren Direktor fragen, ob wir eins für die Schule anschaffen können." Also es ist wirklich so sehr *(betont)* geräteabhängig! Und auch in der Anzeigetechnik muss sich noch so viel tun.

Können Sie neben diesem zentralen Treiber noch etwas identifizieren, was sich von Verlagsseite ändern muss, damit sich der Markt positiv entwickelt?

Ja, mit Sicherheit. Vor allem sollten die Themen gut identifiziert werden. Der Markt muss gründlich angeschaut werden, ob die Zielgruppe auch affin zum Anzeigemedium ist. Und dann sollte man zeitig mit geeigneten Autoren ins Gespräch kommen, damit man ein Produktkonzept erarbeitet, welches das Besondere des Mediums herausstellt.

Der Aufbereiter von Al Gores „Our Choices" wurde bereits 2008 von Facebook aufgekauft und auch Apple drängt in den US-Schulbuchmarkt. Sind dies Zeichen, dass bereits andere Player den enriched E-Book-Market beanspruchen und Verlage zu spät dran sind?

Nein. Auf keinen Fall. Das sind ja nur technische Betriebe. Deren Schwerpunkt liegt nicht auf Inhalten sondern auf Geräten oder gar nur auf der Abspielsoftware. Ich mache mir wenige Sorgen darüber, wer Autoren am besten betreuen und dadurch die Qualität der Inhalte sicherstellen kann.

Das ist interessant. Diese optimistische Sichtweise wurde gestern bereits von einer Kollegin geteilt.

Nach meiner Einschätzung können Verlage in dieser Hinsicht ruhig selbstbewusst sein. Sie dürfen die Zeichen der neuen Zeit nicht verschlafen und denken, das tritt sich fest und das geht vorbei. Denn es ist eine Chance, die Produktpalette zu erweitern. Und diese Chance sollten die Verlage ergreifen und nutzen, und zwar ganz positiv.
Ich kenne junge Lektoren, die Spaß daran haben und die sich darauf freuen, neuartige Titel zu machen. Die haben auch gar kein Problem damit, sich als Produktmanager zu verstehen. Neben dem reinen Lesen und Überarbeiten von Manuskripten wird mit dem Autor darüber diskutiert, was das eigentliche Produkt ist. Sie freuen sich sogar darauf, mit einem deutlich erweiterten Erfahrungsschatz ausgestattet zu werden und begrüßen, was auf sie zukommen könnte. Die neue Aufgabe wird positiv aufgenommen und genau in diese Richtung sollten die Verlage denken.
Es ist eine ganz tolle Chance für neue Verlagsprodukte. Trotzdem muss man immer ein Auge auf die großen technischen Spieler haben. Aber was den Umgang mit Inhalten angeht, sitzen die Verlage klar im Fahrersitz und zwar weil bei ihnen die Qualität immer an erster Stelle steht.

Vielen Dank für das Interview, Frau X!

b. Interview Hesse, *E-Lectra*

Interview mit Frau Katharina Hesse *(20. März 2013, Sophie-Christ-Straße 4, 55116 Mainz)*
Geschäftsführerin *E-Lectra* Verlag

Katharina Hesse ist Geschäftsführerin des E-Book-Verlags E-Lectra und gelernte Buchhändlerin. Sie arbeitete zehn Jahre lang beim Börsenverein des Deutschen Buchhandels und kennt den Buchmarkt wie ihre Westentasche. E-Lectra wurde erst 2012 mit dem Anspruch „hochwertige, angereicherte E-Books anzubieten" gegründet. Zudem bietet E-Lectra anderen Verlagen an, als Dienstleister deren E-Book-Produktionen zu übernehmen.

Frau Hesse gab im Vorlauf des Gesprächs ihre Zustimmung zur Tonbandaufnahme und zur Namensnennung bei der Datenverwertung.

Frau Hesse, wie würden Sie ein enriched E-Book definieren?

Eigentlich müsste man die Antwort in einem Schaufilm zeigen und darstellen: Man nimmt einen Filter und wirft Text, Film und Audio hinein. Dann noch Animation, das ganze verlinkt man – sodass am Ende in enriched E-Book rauskommt.
Wie man es reinwirft und in welcher Dosis, das ist natürlich immer die Frage. Der Grundbaustein ist jedoch immer ein Buch im Sinne von Inhalt mit Text und Bildern. Dieser wird mit anderen multimedialen Inhalten bereichert oder erweitert. Es kommt aber darauf an, wo es sinnvoll ist, einen Zusatz zum Text zu geben.

Das heißt, Interaktivität ist nicht zwingend notwendig für ein enriched E-Book?

Nicht bei jedem Titel. Ich sehe Interaktivität meistens noch eher in einer App als im E-Book, wobei eine App auch immer ein E-Book sein kann. Aber eine App hat noch einmal eine andere Qualität und auch viel mehr spielerische Elemente als ein E-Book.
Wir persönlich versuchen, spielerische Elemente bei Titeln für Erwachsene zu reduzieren. Wir haben festgestellt, dass bei einer bestimmten Zielgruppe, die gewissermaßen auch bereit und willig für ein enriched E-Book ist, kein Interesse besteht, dass es dauernd blinkt und piepst und aufleuchtet. Aber Interaktivität im Sinne von Grafiken und Schaubildern, die man anklicken kann, gehört auf jeden Fall dazu.

Ist Interaktivität etwas Neues oder wird es sie neu verkauft.

Naja, Verlinkungen sind ja nichts Neues. Aber ich finde es wird teilweise besser verkauft, da durch neue Formate, wie zum Beispiel EPUB 3, neue Möglichkeiten der Darstellung genutzt werden können, die jetzt besser zur Geltung kommen.

Ist das Zufügen einer Audio-Datei schon enriched? Können Sie eine Grenze für ein angereichertes E-Book festmachen?

Das Hinzufügen einer einzelnen Audio-Datei ist für mich noch lange kein enriched E-Book. Ein E-Book mit integriertem Hörbuch ist nur ein Buch und eine CD in einem und bietet keine Erweiterung, sondern ist genau das gleiche und der Leser kann sich aussuchen, ob er den Inhalt lesen oder hören möchte.

Man könnte also sagen, ein E-Book ist genau dann enriched, wenn die Anreicherung mehr Inhalt gibt, und nicht den gleichen?

Mehr *(betont)* ist das Schlagwort! Mehr Inhalt. Mehr Information. Von mir aus auch mehr Emotion. Mehr. Es muss auf jeden Fall mehr sein und darf in keinem Fall nur eine Dopplung der Aussage und Information sein, die bereits der reine Text gibt.

Wie würden Sie die aktuelle Marktsituation beschreiben?

Das ist eine tolle Frage. Die aktuelle Situation ist so, dass der Markt ganz groß ist und der größte Teil des Marktes gar nicht verwundert ist, dass es so etwas wie enriched E-Books auf einmal gibt. Konsumenten sind es längst gewohnt, sich über *YouTube* Videos anschauen, wie man zum Beispiel Rosen schneidet oder etwas downloadet. Diese *YouTube*-Generation lässt sich einfach alles über das Internet erklären. Etwas groß anderes ist ein angereichertes E-Book auch nicht: Man hat einen Text und Inhalte, die man hinzufügt, wodurch Dinge besser erklärt werden oder der Stoff vertieft wird.

Und wie sieht es bei den Verlagen aus?

Unsere Erfahrung als junger Verlag ist, dass es generell eine große Neugier gibt. Dennoch reagieren die Verlage teils noch recht zögernd. Sie warten darauf, was der Markt sagt. Wie das so häufig ist bei traditionellen Unternehmen. Sie wollen erst einmal gucken und schmeißen vereinzelt Titel auf den Markt um abzuwarten, was passiert. Es sind komischerweise besonders die kleineren Verlagen, die auf den enriched E-Book-Markt drängen und interessiert sind. Vielleicht weil sie sagen können: „Da können wir gleichziehen."

Kennen Sie Zahlen oder Marktdaten?

Zahlen gibt es null. Null Komma null. Es gibt zwar Zahlen zum E-Book-Markt, da sind aber keine enriched E-Books gesondert ausgewiesen.
Vermutlich dauert es noch ein Jahr, bis es so viele Titel gibt, dass von einem Markt geredet werden kann. Das ist ähnlich wie beim E-Book-Markt. Es hieß immer: „Jetzt kommt es, jetzt kommt es!" Doch es gab nichts zum Kaufen. Jetzt sind genügend digitale Titel da und jetzt entwickelt sich der Markt auch. Es muss erst einmal genug auf dem Markt sein, damit Leute in dem Bereich der enriched E-Books auch etwas finden können.

Denken Sie, dass für die Produkte, die momentan da sind, ausreichend Marketing betrieben wird und die Produkte richtig kommuniziert werden?

Das E-Book-Marketing an sich ist schon einmal kein leichtes. Ich finde es ist schwierig, da Verlage auf große Handelsplattformen angewiesen sind, die einem gesonnen sein müssen.
Aber so richtig darüber gesprochen wird nicht. Das fängt jetzt erst an. Gerade im Kinder- und Jugendbuchbereich gibt es immer wieder Artikel, was es alles so gibt, im Erwachsenenbereich eher weniger. Aber das gilt es jetzt einfach zu ändern. Da gehört genauso Marketing- und Pressearbeit dazu wie bei anderen Produkten auch.

Ist es momentan ein Problem, dass es so viele unterschiedliche Bezeichnungen gibt und das Produkt so nur schwer für den Kunden zu greifen ist?

Man hat Suchmaschinen, und muss eigentlich mit hundert Millionen Begriffen und Bezeichnungen suchen. *Buch mit Video, Buch mit Audio, enriched, enhanced, E-Book plus.*
Mein Eindruck ist es jedoch, dass sich *enhanced* durchsetzten wird. Zumindest in Amerika erscheint es mir so. Ich komme immer am weitesten, wenn ich sage *enhanced*. Darunter können sich die Leute am besten etwas vorstellen. Ich übersetze es immer noch mit *bereichert*, auch wenn es nicht die eigentliche Übersetzung ist.

Ob das Namensproblem grundsätzlich ein Problem ist, weiß ich nicht. Wenn ich mir ein Buch kaufen möchte, suche ich ja nicht nach einem enhanced E-Book. Ich suche zum Beispiel nach einem Reiseführer und freue mich, wenn noch etwas Zusätzliches dabei ist.

Sie arbeiten in diesem Sektor, weil Sie davon ausgehen, dass der Markt Potential hat?

Ja, davon gehe ich fest aus. Die Zurückhaltung der Marktteilnehmer wird sich auf jeden Fall legen. Wir arbeiten vor allem in diesem Sektor, weil wir gesagt haben, dass Verlage und die Buchbranche ganz genau wissen, wie man mit Texten umgehen kann und wie man ein Buch gestaltet, dass es lesbar ist. Aber mit bewegtem Bild überhaupt nichts, woher auch, anfangen kann und diese Inhalte nicht transportieren können. Und hier kommen wir ins Spiel.
Dass man einen Roman nur mit einem Ausschnitt aus einem Film anreichert, ist für mich komplett sinnfrei. Entweder kaufe ich mir das Buch oder schaue den Film an. Wenn der Text genau das gleiche sagt wie der Filmausschnitt oder anders herum, dann braucht man das nicht, da es keine Bereicherung ist. Genau das ist aber ein bisschen die Denke, die im Moment vorherrscht.
Dinge im Film zu erklären ist immer etwas anderes als sie im Text zu erklären. Man muss gucken, was im Film überhaupt Sinn; Was versteht man so besser und was muss man im Text erklären.
Belletristik ist für mich beispielsweise kein Gegenstand, der sich zur Anreicherung eignet. Sicher kann es manchmal zur Geschichte passen, dass ein Teil als Film kommt oder der Leser interaktiv eingreifen kann. Aber wenn man einen reinen belletristischen Roman hat, halte ich dies für nicht sinnvoll. Dazu gibt es aber auch andere Meinungen.

Ein Kollege hat gesagt: „In vielen Fällen erfolgt die Anreicherung heute um ihrer selbst willen und nicht getrieben von einem tatsächlichen Bedürfnis auf Seiten des Lesers." Diese Aussage würde ihre Meinung zum Bereich Belletristik decken, oder? Sehen Sie dies allgemein so?

Momentan ist es so, dass viel ausprobiert wird. Allerdings auch in Bereichen, wo ich es teilweise nicht für sinnvoll halte. Verlage können im Moment vieles machen, es kostet jedoch eine Menge Geld. Aber ein richtiges Konzept steht häufig nicht dahinter.

Welche Kriterien gibt es, dass sich ein Buch für die Anreicherung eignet?

Ratgeber eignen sich hervorragend, zum Beispiel Garten. Kochen eignet sich wunderbar zum Anreichern, Hunde-Erziehung, Pferdepflege... was einem da so einfällt. Der Markt ist groß. Bei Reiseführern ist das wieder so eine Sache. Da muss man erst einmal abwarten, dass die Datei auch auf anderen Geräten als dem *iPad* funktioniert. Wer läuft schon die ganze Zeit mit einem riesen Tablet vor der Nase quer durch Venedig.
Ganz wenig werden vor allem Bildbände gemacht - warum auch immer. Ich finde, das ist ein wunderbares Objekt, um es zu bereichern. Da muss man gar nicht viel machen. Alles was irgendwie zum Ablenken oder Vergnügen geschrieben wird, eignet sich auch.

Könnten Sie es in Worte fassen, was ein Konzept für ein erfolgreiches enriched E-Book ausmacht?

So genau kann man das nicht sagen. Im Endeffekt entscheidet immer der Kunde, was er gut findet. Ich habe Ihnen jetzt schon ein bisschen erzählt, was ich nicht gut beziehungsweise erfolgreich finde. Daraus kann man schon einiges schließen.

Gibt es denn zum Beispiel auch zu viel Anreicherung, kann ein E-Book überladen werden?

Ja klar. Es gibt zum Beispiel einen Roman, der ganz viele Infoboxen enthält. Da gibt es tausende blaue Flecken, auf die der Leser draufdrücken kann. Dies stört bei mir persönlich den Lesefluss. Verlag müssen aufpassen: Was macht Sinn und was nicht, und was ist ganz einfach kein Mehrwert. Ich vermute, die erfolgreichsten enhanced E-Books werden jene werden, die es vorher nicht als Text gegeben hat.

Das war auch schon die Antwort auf die nächste Frage. Wird es „Enriched-Onlys" in Zukunft vermehrt geben?

Das glaube ich ganz sicher. Die Tendenz ist es, das Produkt neu zu denken - was eigentlich auch ein normaler Weg ist. In der Regel überlegt man sich nicht ein Produkt, indem man das eine und das andere zusammenwurschtelt Sondern man überlegt sich ein stringentes Konzept und setzt es dann um.

Zur Produktion: Woher kommt der Content für die mediale Anreicherung?

Bei uns kommt er von uns. Wir produzieren ihn eigenständig im Verlag. Wir machen und schneiden die Filme. Wir arbeiten mit einer Firma zusammen, welche die Grafik macht und einer, welche für die IT-Umsetzung zuständig ist. Bei uns kommt eigentlich alles aus dem Haus plus Kooperationen mit anderen Dienstleistern.
In anderen Fällen müssen Verlage sich auch Dienstleister holen. Einen Film zu drehen oder eine Audio-Datei zu produzieren ist sehr aufwendig. Gerade Filmrechte einzukaufen ist sehr teuer. Da müssen Verlage für Rechte und Lizenzen eine Menge Geld einplanen. Wir achten sehr darauf, kein Geld für unnötige Inhalte beziehungsweise Rechte auszugeben, da die Kompetenz ja eigentlich im Haus besteht.

Ist bei Ihnen auch die Kompetenz für die funktionale Anreicherung im Haus?

Nein, das machen wir mit einem Partner zusammen. Wir machen die Konzeption, und er setzt die Anweisungen um.

Würden Sie sagen, in diesem Bereich spielen Allianzen und Kooperationen starke Rollen?

Bei uns auf jeden Fall. Wir sind noch jung und haben keine eigenen Inhalte und können nicht wie große Verlage auf Inhalte zurückgreifen. Deshalb arbeiten wir im Moment mit zwei, drei Verlagen zusammen.

Unterscheidet sich der Workflow eines enriched E-Books großartig von dem eines Printbuches?

Sehr interessante Frage. Dies war auch oft ein Thema in Leipzig auf der Buchmesse. Nein, am Anfang nicht. Bis zu dem Punkt der Herstellung ist es eigentlich alles gleich. Wir brauchen einen Autor, einen Lektor. Natürlich brauchen wir jemanden, der es vertreibt und Marketing macht. Dann geht es aber eben nicht in den Druck. In dem Moment, wenn es im Verlag in den Druck geht, ist dort nichts mehr zu machen. Bei der Produktion eines enriched E-Books bekommen wir aber immer wieder Fahnen darauf und dann wird es wieder umprogrammiert und umprogrammiert, da immer wieder Fehler auftauchen. Diesen Prozess hat ein Verlag nicht.

Muss ein Lektor auch schon ein Mediaeditor sein?

Nein, der ist immer noch rein für den Text verantwortlich. Das andere machen wir dann.

In welchem Format liegt die Zukunft?

Wenn wir wüssten, was noch kommt, wäre es einfach. Für mich liegt die Zukunft in irgendetwas EPUB-artigem. Es könnte auch anders heißen. Aber ich kann mir vorstellen, dass es immer mehr Programme gibt wie *ibooks Author*, auch für andere Geräte, welche die ganze Arbeit leichter und kostengünstiger machen. Wo man Sachen eben einfach nur (*betont*) reinziehen muss. Die ganze Programmierarbeit entfällt somit, da sie vom Programm übernommen beziehungsweise erheblich einfacher wird.
Gerade die Herstellung einer App ist irrsinnig teuer und die Bereitschaft, dafür Geld auszugeben, ist sehr gering. Für mich liegt die Zukunft was Bücher betrifft ganz klar im E-Book-Format.

Wie ist damit umzugehen, dass die Reader das neue EPUB 3 noch nicht lesen können?

Damit kann ich gar nicht umgehen. Ich kann nur hoffen, dass die Stellen, welche dies koordinieren, damit umgehen. Das Thema ist zumindest bewusst und die Leute reden darüber.

Zur Distribution und zum Leser: Sie haben eben schon erwähnt, dass es unwahrscheinlich schwer ist, für eine App angemessene Preise zu verlangen. Sollte es aber doch der Fall sein, dass sich die App als Formt etablieren wird: Wie werden Verlage damit umgehen?

Ich glaube, dass der Inhalt dann kleiner wird. Es gibt dann nur noch kleine Happen. Es wird kein Verlag bereit sein, sein Werk in eine App hineinzustecken. Das halte ich für sehr, sehr unwahrscheinlich. Vermutlich wird sich der Markt dann so neu verteilen, dass auch ganz viele andere Inhalte verlegt werden. Und das nicht nur von Verlagen.

Wenn es bei einem E-Book-Format wie zum Beispiel dem EPUB 3 bleibt, wie sehen Sie da die Möglichkeiten zur Preisgestaltung?

Da sind die Möglichkeiten ein bisschen besser. In *iTunes* oder im *iBook-Store* ist die Bereitschaft nachweisbar da, mehr als zehn Euro für ein enriched E-Book auszugeben. Ich glaube allerding nicht, dass man für enhanced mehr verlangen kann als für Druck. Momentan kann man das Preisverhältnis mit circa 1:1 beschreiben.

Gibt es bei der Preisgestaltung Spielraum nach oben?

Das ist immer eine Frage des Tuns. Im Moment sieht es so aus, als wäre die 1:1 Übertragung eine einvernehmliche Sache. Das kann sich natürlich ändern.

Wie sehen die Preisschwellen bei „Enriched-Onlys" aus?

Die E-Book-Preise generell werden nicht hoch, sondern runter gehen oder sich dort einpendeln, wo sie im Moment sind. Also nein, ich denke nicht, dass es da großartige Spielräume nach oben gibt.

Ist das enriched E-Book eine Möglichkeit, eine neue Zielgruppe zu erschließen? Zum Beispiel eine jüngere, technikaffine Generation?

Ich glaube das E-Book generell ja. Das enriched E-Book speziell eher nein. Die jünge-re Generation wundert sich eher, dass sie noch Produkte kaufen kann, wo man nicht darin herum touchen kann oder es nicht blinkt. Für die ist es normal und nichts Neues. Möglicherweise ist es die Generation der Rentner, die noch gar nicht so wild auf ange-reicherte Bücher sind. Diese Zielgruppe ist ganz viel im Internet unterwegs und bestellt ziemlich viel. Fotos werden nicht im Fotoladen, sondern im Internet zum Druck abge-geben und die Kamera wird nicht bei *MediaMarkt*, sondern ebenfalls im Internet ge-kauft. Für diese Generation ist Mehrwert noch eine Überraschung, wo sie sagen würde: „Och, das finde ich ja im Druck nicht." Daher sehe ich eher die Älteren als neue Zielgruppe, nicht die Jungen.

Sind enriched E-Books mit Nachteilen für die aktuelle Zielgruppe verbunden.

Nein. In keinem Fall.

Wird sich in Zukunft ein Massenmarkt etablieren oder bleibt das enriched E-Book ein Nischenprodukt?

Ein Massenmarkt wird es auf keinen Fall. Ein Nischenmarkt wird es jedoch auch nicht bleiben, denn dafür ist die Tendenz für den E-Book-Markt bereits so klar ersichtlich, sodass *das* enriched E-Book davon profitieren wird. Es ist etwas zwischen Massen- und Nischenmarkt.
Ich glaube, es wird auch irgendwann nicht mehr so getrennt gesehen mit den Papier- und digitalen Büchern als es früher war. Es wird bald einfach wieder mehr darum ge-hen, dass es ein Buch ist. Es hat vielleicht nicht mehr zwei Deckel, aber es bleibt ein Buch. Und eben nicht ein Spiel mit Text oder sonst etwas. Ich denke diese strickte Trennung wird sich auflösen. Ich verkaufe ein Produkt beziehungsweise ein Buch ja nicht anhand seiner technischen Merkmale. Sondern weil ich denke, dass der Inhalt die Leute interessieren könnte und man etwas vermitteln will. Das Format ist dabei Nebensache.

Könnten Sie eine Prognose abgeben, wie der Markt in fünf Jahren aussieht? Wird die Hälfte der Bücher digital verlegt werden?

In fünf Jahren....das ist schwer. Das wäre toll. Doch nein, das glaube ich nicht. Viel-leicht 30 Prozent.

Sollte es dann eine gesonderte Ausweisung für enriched E-Books geben, wie hoch schätzen Sie deren Anteil?

Da würde ich sagen vielleicht halbe-halbe.

Was sind zentrale Treiber, dass sich der Markt positiv entwickelt? Wenn doch eigentlich Kundeninteresse da ist und auch die Verlage in den Startlöchern ste-hen...

Ich würde mir wünschen, dass die Bereitschaft der branchenübergreifenden Koopera-tion größer wird. Das würde nicht nur uns - den Verlagen - helfen, sondern auch den anderen Branchenteilnehmern. Jeder versucht irgendwie, cross-medial zu werden, aber jeder für sich. Egal ob als Fernsehsender, Zeitschrift oder Buch. Doch da könnte man ganz viel machen, wenn man gemeinsam anpacken würde. Wenn jeder seine Zielgruppen und Kunden erreicht, hätte das eine viel größere Wirkung, als wenn jeder seine eigene Suppe kocht.

Facebook **hat bereits im August 2008 den medialen Buchaufbereiter** *Push Pop Press,* **welcher Al Gores „Our Choices" produziert hat, aufgekauft.** *Apple* **drängt in den USA auf den Schulbuchmarkt. Ein Zeichen, dass andere Player den enriched E-Book-Markt beherrschen werden?**

Klar. Aber *Apple* dringt auch nur in den Markt ein, um die Geräte zu verkaufen. Der Content ist nicht deren Hauptgeschäft.

Kann es das nicht werden?

Nein, ich glaube, die wollen einfach nur die Geräte verkaufen. Und *Facebook* kauft einfach im Moment alles auf. Zumal das Al Gore-Buch ganz toll gemacht war. Aber ich bin davon überzeugt, dass es die Kosten nie im Leben wieder eingespielt hat.

Das bringt mich zu meiner letzten Frage: Was sind die größten Kostentreiber bei der Produktion eines enhanced E-Books.

Ich denke, da muss man gucken, wer die Bücher macht. Für Verlage sind die Konvertierung und die Programmierung dahinter zentrale Kostentreiber. Ein fest angestellter IT-Craig ist in der Verlagsbranche die Seltenheit. Sie werden merken, die Verlage sind sehr sparsam mit ihren Gehältern – IT-Spezialisten hingegen werden hohe Summen gezahlt. Auch bei uns ist die Programmierung der größte Kostentreiber. Für andere Verlage wird auch die Videoproduktion ein großer Kostentreiber sein.
Aber auch wir werden die Programmierung nicht ewig extern durchführen lassen. Das wird sich in Zukunft ändern und die Verlage werden beziehungsweise sollten sich IT-Spezialisten ins Haus holen. Dabei ist das auch eigentlich gar nicht so schwer. Trotzdem ist der Markt voll mit Dienstleistern.

Könnten Sie mir zum Abschluss noch eine ganz allgemeine Frage beantworten. Sind enriched E-Books preisgebunden?

Tja, das ist noch nicht so ganz raus. Es wird momentan einfach gesagt „ja". Und so lange sich alle dran halten und das Buch nicht billiger verkauft wird als vom Verlag festgelegt, wird es wahrscheinlich auch erst einmal kein Rechtsurteil geben.

Vielen Dank für das Interview, Frau Hesse!

c. Interview Kiefer, *IT-Consultant*

Interview mit Herrn Reto M. Kiefer (*22. März 2013,* Kochbrunnenplatz 3, 65183 Wiesbaden)
Unabhängiger IT-Consultant und Berater in der Buch- und Verlagsbranche

Roto M. Kiefer ist seit sechs Jahren geschäftsführender Gesellschafter der Software-Agentur Coded Culture GmbH. Er arbeitet seit 1998 als Software-Entwickler, Berater und Projektmanager im IT-Bereich. Mit den Schwerpunkten Social Media, Agile Software- und App-Entwicklung sowie Projektmanagement reicht seine Branchenerfahrung von Banken und Versicherungen über eHealth und Consumer Electronics bis hin zu Logistik und Luftverkehr. Seit Anfang 2012 arbeitet er verstärkt in der Buch- und Verlagsbranche. Dort beschäftigt er sich mit Themen, wie klassische Verlagsinhalte auf mobiles Devices publiziert werden können sowie der Konzeption von automatisierten, digitalen Publishing-Workflows.

Herr Kiefer gab im Vorlauf des Gesprächs seine Zustimmung zur Tonbandaufnahme und zur Namensnennung bei der Datenverwertung.

Herr Kiefer, wie würden Sie ein enriched E-Book definieren?

Ausgehend vom aktuellen Stand wäre es ein E-Book, welches man auf einem Reader liest -den es in der Form noch nicht gibt, also eher auf einem Tablet – und das deutlich mehr als das reine Lesen ermöglicht: Animationen, Seitenübergänge, Suchfunktionen, Bookmarks, multimediale und programmatische Elemente.

Es gibt viele Verlage, die zum Beispiel eine Audiodatei hinzufügen und das ganze als enriched bezeichnen. Wie sehen Sie das?

Darüber kann man streiten. Ich persönlich finde es ist nicht gegeben, da man zwei unterschiedliche Medien hat, die nicht miteinander verwoben sind.

„Verwoben" heißt für Sie?

Es muss ein (*betont*) Medium sein. Das ist das gleiche, wenn Sie einem Buch noch die CD oder DVD beilegen und dann behaupten, es sei ein multimediales Device – das ist es eben nicht. Gerade die Digitalformate wie EPUB 3 oder Apps zeichnen sich dafür aus, dass sie Medien integrieren können und nicht parallel einen gleichen Inhalt wiedergeben.

Wie nehmen Sie das Kundeninteresse in Bezug auf angereicherte E-Books wahr?

Von den Kunden bin ich leider im Moment noch zu weit weg.

Und wie nehmen Sie die Bereitschaft der Verlage wahr, eine Textdatei multimedial und interaktiv aufzubereiten?

So wie ich es wahrnehme, sind Verlage weitestgehend skeptisch. Es gibt zwar einige, die auf den Zug aufspringen, aber der Großteil hat noch eine gehörige Portion Distanz.

Auch in Sachen Buch-Apps?

Ja, sogar noch stärker.

Warum ist das so?

Weil die Entfernung vom Medium Buch noch zu weit weg ist. Im App-Bereich bewegen wir uns ganz eindeutig in Richtung Software. Und ein enhanced E-Book ist das nicht so stark. Es ist nicht programmiert, es sind keine deklarativen Sprachen verwendet. Man könnte es jetzt technisch aber auch lebensweltlich analysieren, aber meines Erachtens ist zwischen E-Book und App für die Verlage einfach noch einmal ein zu großer Technologiesprung drin.

Aus Ihrer Perspektive ist die App aber das erfolgreichere Format?

Nicht zwangsläufig. Das erfolgreichere Format ist jenes, welches in einem vorgegebenen Kontext Sinn macht. Wenn jemand beispielsweise die Thomas Mann Werkausgabe lesen möchte, dann bringt es dem Leser nichts, wenn das E-Book super animiert ist und viele multimediale Elemente hat. Es stört eher den Lesefluss – denn wer die

Werkausgabe lesen will, der will keinen – ich nenne es jetzt einmal so - Firlefanz haben. Apps sind kein Firlefanz, aber Sie können damit Sachen unnötig anreichern, obwohl es nicht angemessen ist.
Wenn Sie sich noch an die ersten Multimedia-CD-ROMs erinnern: Da gab es zum ersten Mal wirklich ein digitales Multimedia-Format und verschiedene Medien wurden miteinander verwoben. Das kann man auch sehr gut mit Apps machen. Zum Beispiel die Bebilderung von Thomas Manns Biographie, hier sind multimediale Ergänzungen sicherlich sinnvoll. Wenn Sie ein Wimmelbild nehmen, können Sie mit Apps hervorragende Sachen machen, die mit Büchern gar nicht darstellbar sind. Es kommt also immer auf den Kontext drauf an.

Aber jetzt sagen die Verlagsexperten: „Die App ist für uns einfach viel zu teuer und steht für uns in keiner Relation zum Ertrag." Wie stehen Sie dazu?

Die App-Produktion ist sicherlich nicht billig. Das hat aber auch damit zu tun, dass sie zum Beispiel im Vergleich mit dem klassischen Online-Geschäft um einiges aufwendiger ist. Apps sind technisch sehr empfindlich und oft stehen nur begrenzte Ressourcen bereit. Im Online-Geschäft gibt es Server, welche die notwendige Kapazität bereitstellen.
Es ist die Chance und Aufgabe der Verlage zu sagen: „Okay, wir probieren das. Wir können zwar scheitern, aber wir können auch Erfahrungen sammeln, die uns bei Erschließung dieses Feldes wertvoll sind."

Verlagsprodukte gehen momentan in den App-Stores komplett unter.

Es ist für alle schwierig, im App-Store die angemessene Aufmerksamkeit zu finden. Aber es gibt Marketingmöglichkeiten, die zu einem entsprechenden Erfolg führen können, wenn man sie sinnvoll nutzt. Es gleicht dem Prinzip, dass bestimmte Einträge bei *Google*-Anfragen weit oben landen. Diese Anfragen kann man natürlich nicht im klassischen Sinne manipulieren, aber man kann Maßnahmen unternehmen, welche die Positionierung positiv beeinflussen.

Also sozusagen *App-Store-Optimization*?

Genau.

Im E-Book-Bereich gibt es proprietäre Systeme wie das vom *Amazon*. Ist die App nicht genauso ein proprietäres System, da man so viele Betriebssysteme bedienen muss.

Das ist sicherlich richtig. Wobei der Begriff proprietär hier nicht ganz passt. *Apple* ist klassisch proprietär: geschlossenes System, geschlossene Software, geschlossene Hardware. Wenn Sie *Android* nehmen, sind Sie schon eher im Open-Source-Bereich, denn das System ist offen und es gibt viele Hersteller. Dennoch haben Sie mit *Android* nur einen Teil der Geräte erreicht. Aber wenn Sie nicht gerade so etwas wie eine PDF publizieren, müssen Sie auch stets die Kompatibilität der unterschiedlichen Systeme wie *Windows* oder *Linux* berücksichtigen.

Haben Sie ein Gefühl dafür, woher Verlage den Content zur Anreicherung bekommen?

Dazu kenne ich mich noch zu wenig aus.
Aber ich nehme es so wahr, dass die Verlage per se dafür prädestiniert sind, einen nächsten Schritt zu gehen und ihre *Intellectual Properties*, also die Inhalte, weiter zu vermarkten. Ob das gleich Richtung neues Medienhaus gehen muss, das ist teilweise Wortklauberei. Aber die meisten Verlage, egal ob sie die Inhalte selber besitzen, lizen-

siert oder zugekauft haben, sind in der idealen Position, neue Medientypen zu entwickeln - auch Apps oder enhanced E-Books.

Im Moment wird unter EPUB EPUB 1 und EPUB 2 verstanden. Also die Inhalte, die man auf dem *Kindle* oder anderen Readern lesen kann. In zwei oder drei Jahren wird man darunter eine EPUB 3-Datei verstehen. Das heißt der Grundstandard, was die Geräte wiedergeben können, wird stetig ansteigen. So wie sich HTML von einfachen Tabellenlayouts zu anspruchsvoll animierten Layouts entwickelt hat, so wird es auch mit dem EPUB-Standard sein. Was darüber hinausgeht, *Apple* mit *ibooks Author* oder ob es App-Frameworks geben wird, die eine völlig neue Form des Publizierens ermöglichen – da sind wir erst am Anfang und da wird sich noch vieles tun! Doch genau da sehe ich auch eine große Chance für Verlage, sich neues Terrain zu erschließen. Terrain, das im gedruckten Bereich verloren geht. Auch auf die Gefahr hin, dass sie erst einmal Geld verlieren.

Sie haben App-Frameworks erwähnt. Gibt es so etwas schon für E-Books?

Für Zeitschriften gibt es das bereits von den großen Anbietern wie *Adobe*, *Quark* und anderen. Es gibt auch kleinere Open Source Frameworks, die ganz gut gemacht sind. Diese funktionieren auch für Bücher. Ein Compiler wandelt das EPUB dann sozusagen in eine App um. App-Frameworks werden auch auf professioneller Ebene noch stärker kommen.

Momentan bekommt man Apps noch ganz gut durch den App-Approval. Jede App, die Sie einreichen, wird von *Apple* oder den Anbietern geprüft. Da wird viel zurückgewiesen, Buch-Apps kommen jedoch so gut wie immer durch. Aber irgendwann wird das eventuell auch nachlassen und *Apple* wird darauf drängen, dass die Verlage ihre Bücher als *ibooks* veröffentlichen und in den *iBook*-Store bringen. Das würde den App-Store auf der einen Seite entlasten, und auf der anderen Seite den *iBook*-Store aufwerten. Aber das ist nur eine Vermutung hinsichtlich der *Apple*-Politik.

Diese Frameworks wären ganz besonders hilfreich, da die App-Programmierung für viele Verlage einen immensen Kostenaufwand darstellt. Denken Sie, dass Verlage in Zukunft vermehrt IT-Spezialisten anstellen werden, um die technische Kompetenz im Haus zu haben?

Ich denke, dass kann man nur schwer generalisiert sagen. Es hängt viel mit der Unternehmenspolitik zusammen, ob man Sachen rausgibt oder nicht.

Ich gehe aber davon aus, dass zumindest das konzeptionelle und das Management-Know-how im Haus aufgebaut werden. Ob die technische Umsetzung im Haus von Agenturen oder sogar offshore in Indien gemacht wird, das ist letztendlich egal. Aber es sollte auf jeden Fall eine erweiterte verlegerische Kernkompetenz rund um das digitale Publizieren im Haus entwickelt werden! Sonst werden die Verlage bei einer weiteren Digitalisierung des Verlagswesens große Probleme bekommen.

Wie unterscheidet sich der Workflow einer Buch-App zu dem von Printtiteln?

Der deutliche Unterschied liegt auf jeden Fall darin, dass Verlage sich Gedanken machen müssen, wie das Produkt genutzt wird. Ein Buch klappt man auf und liest es von vorne bis hinten. Bei einer App ist das vollkommen anders. Das nennt man *U X – User Experience*. Dieses vom Nutzer ausgehende Konzept ist ganz zentral. Es gibt zu Beispiel auch Guidelines der Hersteller, die Ihnen vorschlagen, wie Sie Apps navigieren können.

Und auch ein Layout eines Buches ist nicht zu vergleichen mit dem Design einer App. Das ist auch noch einmal ein ganz großer Unterschied. Sie merken auch, ob Grafiker off- oder online sind, also ob sie aus dem Print- oder dem Digitalgeschäft kommen.

Und letztlich die Produktion selbst. Bei einem Printbuch endet die Arbeit sozusagen nach dem Druck, bei der App geht sie da erst los. Auch wenn sich Schritte im Sinne von Frameworks automatisieren lassen, fällt bei der technischen Produktion die Hauptarbeit an.

Dafür hat man keine Lagerhaltung oder keine Backlist, sondern ein ständig aktuelles Produkt. Dann kommt noch hinzu, dass man die App im Gegensatz zum Buch kontinuierlich updaten kann. Ein Druckfehler wird im Printbuch erst mit der neuen Auflage nach beispielsweise fünf Jahren bereinigt. Bei der App ist das mit dem ersten Update nach zwei Wochen möglich. Und Verlage könnten weiterhin überlegen, in das upgedatete Release ein neues Feature einzubauen, um so den Vorteil ausnutzen, dass auch bestehende Nutzer noch einmal den Anreiz bekommen, sich mit der App auseinander zu setzten. Auch neue Kunden können dadurch gewonnen werden. Man kann durchaus alle zwei Monate ein *Feature-Release* machen, um diese Vorteile auszunutzen. Das müsste man allerdings in der Konzeption schon berücksichtigen. Generell ist der Zyklus einer App nicht mehr so monolithisch, sondern man kann von Zwei-Wochen-Zyklen sprechen.

Sie haben im Verlag beispielsweise eine Bären-Figur, die Sie für eine App ausschlachten möchten. Nach der Grundversion ist der Bär dann nach zwei Monaten nicht mehr im Wald und sammelt Bären, sondern am Strand und sammelt Muscheln. In Analogie zum Buch könnte man auch einzelne Kapitel innerhalb der App zum Nachkaufen anbieten.

Ist die App eine Option der Zweitverwertung der Inhalte für Verlage? Gerade die Kinderbuchverlage haben prädestinierten, illustrierten Content...

Ja sicher, eindeutig. Wobei eine Zweitverwertung nicht zweitklassig sein muss. Es kann auch sein, dass die animierte Mini-App sich viel besser verkauft als das Buch.

Ist die App ein eigenes Medium sodass man bei Buch-Apps schon von einer Cross-Media-Strategie sprechen kann?

In beiden Fällen ja. Und man müsste (*betont*) sogar von einer Cross-Media-Strategie sprechen.

Macht das die Branche bereits? Sehen Verlage die App als eigenständiges Medium? Ich habe das Gefühl, die App wird eher als Format angesehen.

Das ist eine gute Frage. Die Branche denkt generell sehr buchbezogen: Das Buch ist das Medium und alles andere sind nur Varianten oder Sekundarisierungsformen. Aber über diese Frage müsste ich wirklich erst noch einmal nachdenken. Vielleicht könnte man es so sagen: So groß wie die Vorbehalte und Widerstände sind, desto eher wird es als neues Medium wahrgenommen.

Welche Definition würden Sie denn für eine App geben?

Eine App ist ein Stück Software, das meist einen begrenzten Funktionsumfang hat und auf einem mobilen Device läuft.

Das Wort Medium fällt also nicht?

Nein. Eigentlich nicht.

Welche Fähigkeiten muss ein Verlagsmitarbeiter mitbringen, der für Apps und angereicherte E-Books verantwortlich ist?

Es kommt darauf an, welche Position er einnimmt. Die Kernkompetenz ist auf jeden Fall starkes Projektmanagement. Und dann gibt es verschiedene Ausprägungen. Entweder Sie machen strategisches Projektmanagement in Richtung Business Management oder Sie gehen in das technische Projektmanagement mit rein und steuern die Konzeption und leiten die Entwicklung an. Das lässt sich nicht auf einen Typus festlegen. Aber er muss vor allem technische Neugierde als Grundvoraussetzung mitbringen. Wer hauptsächlich in einer analogen Lebenswelt zu Hause ist, wird Schwierigkeiten haben, sich auf die Faszination von Apps einzulassen. Er muss sich auch einer schnellen Veränderung aussetzen können.

Haben Verlage bereits ein digitales Denken oder ist alles noch Print?

Es gibt einige Verlage wie zum Beispiel *Gräfe und Unzer*, die relativ aktiv auf dem App-Markt sind. Diese arbeiten sehr strukturiert und gehen generalstabsmäßig geplant in die Märkte rein. Die meisten Verlage denken jedoch, sie machen das Buch ausschließlich oder in erster Linie für Print. Und denken gar nicht daran, dass es noch etwas anderes geben könnte. Das Selbstverständnis bezieht sich auf Printprodukte und Verlage sehen sich nicht als multimediale oder digitale Medienhäuser.
Wenn sich der Prozess des digitalen Denkens in der Produktion weiter nach vorne verlagern würde und nicht erst so spät einsetzten würde, wäre ein großer Schritt vorwärts gemacht.

Also an sich ist die Branche ihres Erachtens noch traditionell print-verankert?

Ja, das deckt sich auch mit den aktuellen Verkaufszahlen: Papier und analog. Wir sind gerade erst in einer Entwicklung, die am Anfang steht.

Gibt es Zahlen, wie viel Umsatz Verlage mit Apps machen?

Von Apps kenne ich leider keine Zahlen.

Im Moment ist eine App für 1,50 Euro schon relativ teuer. Welche Preisgestaltungsmöglichkeiten stehen Verlagen im App-Segment offen?

Das Motto lautet „Ausprobieren". Im Moment ist die einzige Strategie wirklich ausprobieren. Man könnte versuchen, eine Premiumstrategie über den Wert der Marke durchzusetzen. Oder Verlage verkaufen ein Grundgerüst für relativ wenig Geld und der Kunde kann sich alternative Enden zukaufen, oder den zweiten Band gleich im ersten bestellen. Es gibt viele denkbare Erlösmodelle. Momentan sind Freemium-Apps hoch im Kurs. Im Spielebereich sind zum Beispiel die ersten drei Level kostenfrei und dann werden die User zur Kasse gebeten. Vielleicht ist auch das ein Modell. Aber auch hier lautet die Devise: Ausprobieren.

Wie sehen Sie die Möglichkeit für In-App-Purchases für Multimediainhalte?

Auf jeden Fall wird in dem Segment gerade sehr viel Umsatz generiert und es scheint das Modell der Zukunft zu sein. Wie man es auf Bücher überträgt, zum Beispiel durch neue Kapitel oder zusätzliche Seitenhandlungsstränge, weiß ich nicht. Aber In-App-Purchases sind auf jeden Fall im Moment hoch im Kurs.

Glauben Sie, man kann dieses Modell auf EPUBs übertragen?

Ich glaube nein. Das Format gibt diese Fähigkeit nicht her. Da hängt eine ganze Menge dahinter, zum Beispiel Payment-Systeme, Kreditkartentransaktionen, Überprüfung von Kreditwürdigkeiten. Hier wäre ein Argument, als App zu publizieren. Aber vielleicht hat EPUB 5 diese Fähigkeiten, wer weiß.
Da In-App-Purchases an Hersteller gebunden sind, könnte ich mir die Umsetzung beispielsweise bei *Amazon*-Produkten gut vorstellen. Sie haben den Format-Hersteller, den Payment-Träger und den Content-Lieferanten in einer Hand und für Sie als Kon-

sument bedeutet es nur noch: Klick! Das ist natürlich ein Horrorszenario für den restlichen Buchhandel.

Passiert so etwas in naher oder ferner Zukunft?

Das ist unheimlich schwierig zu sagen. Aber es wird auf jeden Fall irgendwann kommen.

Welche Art von Buch eignet sich zur Anreicherung – unabhängig ob im E-Book- oder App-Format?

Spielbücher, also eine Mischung zwischen Roman und Spiel, eignen sich ganz gut. Bücher, bei denen man alternative Enden oder Handlungsstränge bieten kann oder generell dann, wenn ein spielerisches Element hinzukommt. *Gamification* beschreibt, dass Sie spielerisch zu einer Belohnung kommen, was sich prima in Bücher einbauen lässt.

Lehrbücher, in denen etwas veranschaulicht werden muss, können mit einer dreidimensionalen Grafik oft mehr erklären als mit drei Seiten Text. Siehe *Apples ibooks Author* und die Schulbuchverlage in den USA. Kinder sind immer mehr auf anfassen und ausprobieren aus und haben bereits eine ganz eigene digitale Ästhetik. Da kommt man mit normalen Schulbüchern bald nicht mehr weit. Mit langweiligen Unterrichtsmitteln haben es Lehrer schwierig, aufregenden Unterricht zu machen.

Bisher haben alle Interviewpartner auf anhieb Ratgeber und Sachbücher genannt.

Ja, weil es das schon gibt. Das ist ja das, was wir jetzt schon haben.

Wird es bald so sein, dass die enriched Versionen beziehungsweise die Apps nicht mehr auf ein E-Book aufbauen, sondern originär produziert werden?

Also meine ganz persönliche Meinung ist, dass die Branche irgendwo zwischen Casual Games und angereicherten Formaten neue Medienformen finden wird. Diese gibt es jetzt noch nicht, aber das wird etwas Interaktives, Multimediales sein, bei dem *Augmented Reality* eine starke Rolle spielt. Oder Geschichten über Soziale Netzwerke weitergesponnen werden. Niemand weiß, wie groß das Feld ist, das beackert werden kann. Es muss nur jetzt ein paar Mutige geben, die erste Saatversuche machen. Es werden sicherlich viele auf die Nase fallen, aber auch wichtige, erste Erfahrungen sammeln.

Glauben Sie, dass sich die Buchverlage und die Gamingbranche noch mehr annähern werden?

Eigentlich nicht. Höchstens in dem Sinne, dass es etwas Neues gibt. Momentan werden schon interessante Intellectual Properties für Spiele gekauft und manchmal gibt es bereits ein Buch zum Spiel. So einen Austausch wird es vermehrt geben. Aber das unbekannte Feld, von dem ich eben sprach, wird von neuen Firmen bearbeitet werden. Wir denken immer, das was wir haben, sei der Endzustand. Aber wir sind erst am Anfang. Schauen Sie mal, wie lange es E-Book-Reader in Deutschland gibt – das sind zwei, drei Jahre. Wir leben mit unheimlich kurzen, technischen Zyklen und in zwei Jahren sieht das Feld schon wieder ganz anders aus. Das könnte auch ein Laser sein, der Ihnen etwas auf die Netzhaut schreibt und es keine Geschichten mehr gibt, die aufgeschrieben werden. Im übertragenen Sinne haben wir das Jahr fünf nach dem *iPhone* - und gucken Sie einmal, was die Geräte jetzt schon können.

Sind die neuen Formate für Verlage eine Möglichkeit, neue Zielgruppen zu erschließen?

Ich denke es ist nicht nur die Möglichkeit, neue Zielgruppen zu erschließen, sondern auch bestehende mitzunehmen.

Wie sehen diese Zielgruppen aus?

Es ist schwer über etwas zu sprechen, das soziologisch noch nicht erfasst wurde. Aber ich würde gerne das Beispiel des Casual Gamers anführen. Den gab es vor fünf Jahren noch nicht. Er kam mit der *Wii* auf. Und mit *Farmville* auf *Facebook* war dann fast jeder ein Casual Gamer. Man sollte sich eine Studie über Casual Gamer angucken, den Spieleanteil reduzieren und dann Schlüsse daraus wagen. So könnte ich mir eine Erfassung vorstellen.

Sowohl die Buch-App als auch das enriched E-Book sind noch ein Nischenmarkt. Haben sie das Potential zum Massenmarkt?

Die E-Books im Allgemeinen auf jeden Fall. Wenn die Lesegeräte so weit sind, wird auch das enhanced E-Book ein Massenprodukt. Sie schauen sich heute auch keine Website in HTML 1 mit zweifarbigen Grafiken an. Eine technische Entwicklung prägt die ästhetische Haltung der Konsumenten. Irgendwann ist ein reines E-Book nichts anderes mehr als eine veraltete Website.

Was sind zentrale Treiber, dass die enhanced Versionen zum Standard werden?

Ich denke, das wird ein zwangsläufiger Prozess werden. Es spielen immer mehrere Sachen zusammen: Es entstehen neue technische Möglichkeiten. Neue technische Möglichkeiten wecken neue Begehrlichkeiten auf Kundenseite. Neue Begehrlichkeiten öffnen neue Produktionszwänge für die Hersteller. Was zuerst da ist oder war, ist die philosophische Henne-Ei-Diskussion.

Haben Verlage im Moment nicht grundlegend das Problem, dass sie ein vorhandenes Angebot nicht nach Aussen kommunizieren?

Die Branche befindet sich beim digitalen Buch-Marketing leider in einer Zwickmühle. Werbung für Bücher findet meist vor Ort in den Buchhandlungen statt. Große Werbeanzeigen, wie vor Weihnachten, sind eher der Einzelfall. Die Buchhandlungen stehen vor der Herausforderung, dass der Online-Handel mit Print-, aber auch mit digitalen Büchern für große Umsatzeinbußen im stationären Handel sorgt. Nun soll in Buchhandlungen Werbung für etwas gemacht werden, womit sich die Buchhandlungen schaden, da es meist im Internet gekauft wird. Das wird nicht passieren.
Ein gelungenes Konzept, durch welches Buchhändler am E-Book-Markt teilhaben können, ist mir bisher noch nicht begegnet. Zumal die Bequemlichkeit der Konsumenten und deren Konsumverhalten durch den Wunsch nach Instant Satisfaction geprägt ist, und diese liefert der Download im Internet.

Würden Sie die Aussage unterschreiben, dass das enriched E-Book einem neuen Mediennutzungsverhalten und Konsumenteninteresse gerecht wird?

Eigentlich schon.

Sind enriched E-Books selbsterklärend?

Sie müssen es sein! Wenn ein enriched E-Book nicht selbsterklärend ist, dann ist es schlecht gemacht. Ein Produkt muss ausgehend von der User Experience konzipiert werden und es muss bedacht werden, was das Standardverhalten der Zielgruppe ist. Ohne dieses Konzept kann ein Produkt kein Erfolg werden.

Vielen Dank für das Interview, Herr Kiefer!

d. Interview Möllers, *Terzio / book2look*

Interview mit Herrn Ralph Möllers (22. *März 2013, Telefoninterview)*
Geschäftsführer *Terzio* Verlag / *book2look*

Ralph Möllers gehört zu Deutschland dienstältesten Digitalen Verlegern. Seit Ende der 80er Jahre entwickelte er in verschiedenen Verlagen (Systema, Navigo, Terzio, book2look) Produkte für das Medium Computer. U.a. in Zusammenarbeit mit Voyager, New York, entstanden bahnbrechende Electronic Publishing Produkte mit Künstlern wie Laurie Anderson, Douglas Adams und Jostein Gaarder. Die CD-ROMs zur TV-Serie „Löwenzahn" mit Peter Lustig sind noch heute die meistverkauften Edutainment-Titel Deutschlands. Neben seiner Tätigkeit als Verleger von Kindermedien bietet Möllers heute über seine Firma book2look elektronische Dienstleistungen und Online-Marketing Tools für Verlage an.

Herr Möllers gab im Vorlauf des Gesprächs seine Zustimmung zur Tonbandaufnahme und zur Namensnennung bei der Datenverwertung.

Herr Möllers, wie würden Sie persönlich ein enriched E-Book definieren?

Ich würde sagen, ein enriched E-Book ist im Grunde genommen ein E-Book, das, in welcher Form auch immer, über das Printbuch hinausgeht und etwas enthält, was im Printbuch nicht oder nur schwer darstellbar ist.
Damit wäre aber auch schon eine interne Verlinkung in der 1:1 Übertragung des Printbuches in die E-Book-Version ein Kriterium für die Bezeichnung als enriched E-Book, denn ein Printbuch hat keine Verlinkungen.

Ist dabei die Multimedialität oder die Interaktivität im Vordergrund?

Das kann ich nicht unterscheiden. Für mich hat Multimedialität auch immer etwas mit Interaktion zu tun. Es sei denn, das enhanced E-Book spielt sich automatisch ab und aktiviert Filme und Grafiken von selbst – dann würde der Leser nicht interagieren. Aber es gibt auch sicherlich Multimediainhalte, die nicht explizit zur Interaktion auffordern.

Wie würde Sie die aktuelle Marktsituation beschreiben?

Das ist eine schwierige Gemengelage, so viel kann man auf jeden Fall sagen. Der E-Book–Markt generell wächst sehr rasant und verdoppelt oder verdreifacht sich im Jahr. Es gibt die großen Ökosysteme *Amazon* und *Apple*, die den Markt beherrschen. Und dann kommt ganz lange nichts, und dann nationale Wettbewerber.

Und dort kommt als ganz kleines Segment das enriched E-Book dazu.

Und das spielt im Moment noch eine marginale Rolle. Das Problem ist, dass wir aktuell noch keine weit verbreiteten, vernünftigen Reader, weder soft- noch hardwaremäßig, für enhanced E-Books haben.

Sie sehen das Problem also nicht im Produkt, sondern in der Verbreitung anhand der Geräte?

Genau. Es liegt natürlich gar nicht am Produkt. Ich bin bis jetzt nur auf Begeisterung gestoßen. Einziges Problem sind wie gesagt die Devices.

Und enriched E-Books treffen auch den Zahn der Zeit in Bezug auf neue Nutzungspräferenzen?

Ja, absolut. Was die Verlage nur schwer verstehen können ist, dass die nachwachsende Leserschaft sozusagen in Devices denkt. Und dieses Device ist in der Regel ein Smartphone oder ein Tablet. Vielleicht auch manchmal ein E-Reader, aber die spielen keine große Rolle. Diese Geräte sind in allem was sich multimedial und enhanced tut, von großer Bedeutung.
Ich bin in erster Linie Kinderbuchverleger und merke immer wieder, dass Kinder gar nicht verstehen, warum man nicht irgendetwas anklicken oder aktivieren kann. Der Gedanke, dass nichts passieren könnte, drängt sich Kindern gar nicht auf. Die Entwicklung, dass wir immer mehr Konsumenten haben, für die Enhancement eine Selbstverständlichkeit ist, wird sich auf jeden Fall fortsetzen.
Als Dienstleister für Verlage sage ich immer wieder, man muss sich überlegen, was genau der Unterschied von der Printversion zum E-Book ist. Eine 1:1 Übertragung macht heutzutage kaum noch Sinn. Verlage verstehen teils nicht, dass man einen Vermerk einfach als aktiven Link gestalten kann. Ganz einfach, ohne großes Zutun. Allein das wäre schon ein Anfang. Warum nicht die Verlagshomepage im Impressum verlinken?

Mein Gefühl ist es, dass die Produkte kaum von den Verlagen kommuniziert werden. Wie sehen Sie das?

Das ist völlig richtig. Und es zeigt, wie doof die Verlage sind – wenn ich das jetzt mal so sagen kann. Es herrscht eine Denkweigerung in den Verlagen vor. Der klassische Fall, wenn sich ein Verlag bei uns meldet, ist: „Grüß Gott Herr Möllers, ich muss (*betont*) bei uns die E-Books machen und..." Damit ist ja schon alles gesagt. Und aus dieser Haltung heraus entsteht natürlich keine zukunftsstarke Entwicklung.

Es muss also ganz klar ein Bewusstsein bei den Verlagen geschaffen werden, welches Potential der digitale Markt beherbergt?

Ja, ganz klar. Die Verlage müssen jetzt aufhören beleidigt zu sein, dass die Kunden E-Books haben wollen und ihre Verängstigung ablegen, dass zum Beispiel die Preisbindung abgeschafft werden kann. Und drittens müssen sie ihr Selbstbewusstsein stärken und das Gelingen eines E-Books nicht vom Programmierer abhängig machen.

Ist es für den Kunden auch schwer, dass ein großes Namens- und Bezeichnungschaos vorherrscht?

Ja, auf jeden Fall. Aber es ist immer so in neuen Märkten, dass ganz viel angeboten wird und alle um die Aufmerksamkeit des Kunden buhlen. Die großen beiden Ökosysteme wie *Apple* und besonders *Amazon* haben einen Großteil der Kunden an sich gebunden, für diese Kunden ist es kein Namenschaos. Alle außerhalb dieser Systeme haben natürlich ein Problem. Und das Chaos wird uns noch eine Weile begleiten.

Aber es ist sehr interessant, dass der größte Player am Markt mit KF 8 noch gar nicht in der Lage ist, enriched E-Books wiederzugeben.

Ja, und das ist auch das andere große Problem. Enhancements sind auf breiter Fläche nicht vermarktbar, weil *Amazon* nur dieses – entschuldigen Sie den Ausdruck - völlig schwachsinnige KF 8-Format hat, was hinter seinen eigenen Möglichkeiten zurückbleibt und man nur fassungslos davor stehen kann. Es ist teilweise so, dass *Amazon*-Mitarbeiter sagen: „Na klar kann KF 8 Audio wiedergeben." Aber man stellt fest: Nein, kann es eben nicht. Die Mitarbeiter wollen das selber nicht glauben, aber es ist so *(lacht)*. Wobei sich das sicherlich in naher Zukunft ändern wird. Aber im Moment haben wir für eine angenehme Kundendarstellung als Device nur das *iPad*.

Sie persönlich sehen in dem Bereich Anreicherung aber großes Potential?

Ja, auf jeden Fall. Ich glaube, dass das einfach zum Standard wird und man in Zukunft gar nicht nicht-angereicherte E-Books verkaufen kann. Wobei Sie ja bedenken müssen, dass ich die Grenze zur Anreicherung per meiner Definition relativ niedrig setze. Ich brauche kein Video oder Audio, sondern enhanced ist ein für die Lesegeräte optimiertes und mit zusätzlichen Funktionen besetztes E-Book. Wie zum Beispiel eine Verlinkung oder ein Wörterbuch.

Also eigentlich etwas ganz basales?

Genau, ganz basal.

Ein Kollege hat gesagt: „In vielen Fällen erfolgt die Anreicherung heute um ihrer selbst willen und nicht getrieben von einem tatsächlichen Bedürfnis auf Seiten des Lesers."

Diese Aussage unterschreibe ich sofort. Der Kollege hat völlig recht. Das ist wahnsinnig oft gemacht worden, vor allem in Zeiten als Apps veröffentlicht wurden. Dort hat man einen Text teilweise so überladen, dass ich es als Programmierstunts bezeichnen würde. Da kam mehr die Haltung heraus: „Guck mal, was ich kann!" und der Leser hat eher gesagt: „Das interessiert mich gar nicht. Ich will meinen Krimi lesen und herausfinden, wer der Mörder war. Gut ist's." Aber es gibt auch Features, welche die Leute einfach gerne im E-Book haben. Wie zum Beispiel eine Karte, die anzeigt, wo sich die Hauptfigur gerade aufhält. Ich persönlich finde einen Link toll, wo mir als Leser noch einmal die Figuren des Buchs und ihre Bedeutung aufgelistet werden. „Wer war denn jetzt eigentlich diese Tamara Ginsberg. Ich habe keine Ahnung. Hat die nicht am Anfang des Buches..." Solche Dinge sind toll, die das Leseerlebnis wirklich bereichern und unterstützen. Aber dass Herr Möllers sein eigenes Buch gut findet und dies in einem Video kundtut, das brauche ich persönlich nicht. Das ist sicherlich schön auf der Messe zu zeigen, aber am Leseerlebnis orientiert ist das nicht!

Welche Kriterien muss ein Buch mitbringen, dass es sich zur Anreicherung eignet?

Das geht schon bei den Kleinigkeiten los. Ich würde sagen, jedes Buch braucht E-Book-spezifische Funktionalitäten, in einem ganz basalen Sinn. Und dann wird es spannend. Zum Beispiel bei Büchern, die ganz illustrationsstark sind und komplexe Layouts haben. Kinderbücher bieten unendlich viele und auch sinnvolle Möglichkeiten zur Interaktion und für Enhancements. Wir haben gerade für *S.Fischer* ein ganz tolles Buch illustriert, da bewegen sich einige Bildelemente und erzeugen einfach eine schöne Atmosphäre. Und das halte ich für ganz wichtig und auch meine Erfahrung bei der Zusammenarbeit mit den Künstlern und Illustratoren zeigt, dass diese bereits Wünsche haben, was sich generell bewegen soll und was nicht.

Dann sind da Ratgeber und Reisebücher, die sind ein sehr gutes Beispiel. Da drängt die Anreicherung sich meiner Meinung nach förmlich auf und auch jeder, der nicht (*betont*) technisch denkt, merkt sofort: „Hey, das wäre toll, wenn ich mit einem Blick von der Beschreibung des Hotels auf deren Website kommen kann." Ich empfinde Bücher geeignet, wo sich der Nutzen dem Leser sozusagen sofort aufdrängt. Kriminalromane, Literatur oder Poesie eignen sich meist nicht. Da sind die meisten Dinge, die gemacht wurden, meines Erachtens nach eher Nonsens.

Ist der sich dem Leser aufdrängende Nutzen das Erfolgsrezept für ein enriched E-Book?

Auf jeden Fall. Wenn der Leser sagt: „Mensch super. Klasse, dass ich diese Funktion und Info hier habe." Genau dann habe ich als Verlag schon gewonnen!

Jetzt ist es momentan noch so, dass ein bestehendes E-Book aufgesattelt wird. Denken Sie, es wird in Zukunft vermehrt Enriched-Onlys geben?

Ja, allein der E-Book-only-Trend setzt sich bereits durch. Und der für enriched wird folgen – was für mich auch ganz logisch ist. Wenn der Markt die Größe annimmt, von der wir ausgehen, dass er sie annehmen wird, werden viele Verlage in Zukunft sicherlich nicht mehr das Risiko eingehen und auf hohen Produktions- und Lagerkosten von Printexemplaren sitzen bleiben. Wenn die Kunden dann viel E-Book-affiner sind als jetzt und Verlage auch mit dem digitalen Produkt Erfolge haben, ist dieser Schritt nur logisch.

Bei der Anreicherung von Kinderbüchern ist es häufig der Fall, dass neue Zeichnungen angelegt beziehungsweise alte verändert werden. Wie sieht es in anderen Warengruppen aus?

Das kann man pauschal nicht beantworten. Die Erweiterungen, die man hat, können alles Mögliche sein. Zum Beispiel fügen wir gerade Übungsvideos in ein Buch ein, welche vorher schon als DVD vorhanden waren. Was sich in den nächsten Jahren wohl kaum lohnen wird sind professionelle Videoproduktionen. Die sind zu teuer, um eine wirtschaftliche Kalkulation hinzubekommen.

Die technische Umsetzung leisten meist Dienstleister?

Das Konzept sollte eigentlich – in der besten aller möglichen Welten (*lacht*) - aus dem Lektorat kommen. Das Lektorat muss sagen können: „Wir wissen was wir wollen, kennen die Zielgruppe und deshalb haben wir folgende Vorschläge und folgendes Konzept." Das ist im Moment aber noch nicht so. Meistens kommt jemand zu uns, legt einen Stapel Bücher auf den Tisch und fragt: „Herr Möllers, was würde Sie damit machen?" Dann gucken wir uns das an und machen Vorschläge. Aber ich denke und hoffe, dass dies nur eine Frage der Zeit ist, bis die Lektorate diese digitale Qualifikation erworben haben, dass sie solche Konzepte auch allein entwickeln können.

Können Sie Punkte festmachen, wie sich der Workflow eines enriched E-Books von dem eines Printbuchs unterscheidet?

Das ist anhängig davon, von welcher Art von Enhancement man redet. Wenn es nur darum geht, ein Printbuch angemessen in ein mäßig enhancetes E-Book umzusetzen, dann ändert sich der Workflow im Grunde genommen nur dadurch, dass er sich an einer Stelle gabelt und die Datei, im Idealfall vom Lektor, statt nur in die Print-PDF in ein weiteres Format konvertiert wird. Die Abspeicherung in ein EPUB-Format funktioniert schon mit einem Mausklick. Dann ist es zwar noch nicht publikationsbereit, aber man hat schnell das Rohmaterial für den nächsten Schritt.

Dann läuft es derzeit noch so, dass eine andere Abteilung im Verlag dieses Rohmaterial aufnimmt und kontrolliert, fügt Links und weitere Dinge hinzu und dann geht es an die digitale Auslieferung. Bei aufwendigeren Geschichten ist es im Moment eher noch der Normalfall, dass der ganze Apparat nur Print denkt. Und am Ende denkt der ganze Verlag: „Das wäre natürlich super, wenn wir jetzt auch noch ein fixed Layout-EPUB machen könnten." Man fängt bei vielen Dingen wieder von ganz vorne an. Im Grunde genommen hätte der Illustrator das von Anfang an wissen müssen, um dementsprechend die Daten abzuspeichern und bereitstellen zu können.

Eigentlich müsste ein Lektor, der ein Projekt übernimmt und betreut, schon am Anfang wissen, wie das Produkt in Print oder elektronisch aussieht. Und auch: Wie sieht das als Kinofilm aus – würde ich sagen. Also dass er multimedial denkt. Ob es einen Kinofilm gibt, liegt ausserhalb seiner Kontrolle, aber ein multimediales Denken müsste im Produktionsprozess viel früher stattfinden. Das passiert im Moment nicht, aber ich bin guter Dinge, dass sich das in den Lektoraten sozusagen biologisch löst.

In welchem Format liegt die Zukunft? Wird es ein E-Book-Format bleiben oder wird die App noch vermehrt ein Thema werden?

Die App wird für buchähnliche Inhalte nicht funktionieren. Allein wirtschaftlich nicht, denn der technische Aufwand, ein Framework für eine App zu programmieren, ist immer zu aufwendig und zu kostenintensiv.

Alle Buch-App-Projekte, die wir bisher am Markt gesehen haben, sind nichts anderes als Reader für Arme. Diese hatten kaum App-Funktionalität, sondern haben immer nur darauf abgespielt, dass man in die App leicht Inhalte hereinstecken kann. Meines Wissens nach gibt es nur ganz wenige Ausnahmen, wo sich eine Buch-App wirtschaftlich gelohnt hat und auch die Umsetzung durchdacht war.

Ist die technische Produktion der größte Kostentreiber?

Ganz klar. Der momentane Hauptkostenaufwand ist die Programmierung für die Lesegeräte. Besonders das Anlegen eines fixed Layouts, wo man Inhalte manuell Zeile für Zeile auf der Seite fixieren muss.

Viele Verlage bieten das reine E-Book im Moment etwas billiger als die Printausgabe an und das enriched E-Book etwa in Höher der Printausgabe oder plus ein Euro. Wie sehen Sie die Möglichkeiten zur Preisgestaltung?

Ich glaube, dass jene Verlage, welche die Strategie fahren, E-Books müssen so teuer wie Printprodukte sein, sich damit selbst schaden. Die Leute wissen: Das Buch wird nicht gedruckt, nicht gelagert oder nicht geschifft. Daher muss am Ende ein signifikanter Preisunterschied für den Kunden rauskommen.

Wir und auch Kollegen haben gemerkt, dass der Vergleich zur App ganz interessant ist. Man stellt eine App zum Verkauf ins Netz, die 15.000 Euro Entwicklungskosten verschlungen hat, und man will dafür 1,79 Euro haben. Dann bekommt man einen Stern als Bewertung und ein Kommentar: „Für den stolzen Preis von 1,79 Euro kann diese App noch nicht einmal....", und dann kommt eine Liste mit phantastischen Wünschen, was diese App sonst noch alles können sollte. Der selbe Kunde findet es natürlich vollkommen in Ordnung, hier in München 2,80 Euro für einen Cappuccino zu bezahlen.

Bei dem angereicherten „Ritter Rost", den wir für 9,99 Euro verkaufen, haben wir lauter gute Bewertungen bekommen und die Leute haben gesagt: „Das ist ja toll. Das ist ja das Buch mit noch etwas." Ich finde, dass Verlage für Enhancements, die vom Kunden als sinnvoll und Mehrwert empfunden werden, ruhig einen höheren Preis als den der EPUB-Textdatei verlangen können.

Mehr als ein normales E-Book? Soll heißen, trotzdem „nur" in Höhe des Print-preises?

Ich glaube auch trotz Mehrwert wird der Preis nicht so hoch angesetzt werden können. Das wird nicht funktionieren. Für mich sollte der Abstand mindestens 25 bis 30 Prozent zum Printpreis betragen.

Im Moment wird auch noch viel mit Nebelkerzen gearbeitet und den Leuten erzählt, es sei alles wahnsinnig teuer. Aber so viel ist es jetzt auch nicht. Natürlich steckt mehr als die 17 Cent Konvertierungskosten dahinter. Vor allem sind kreative Köpfe gefragt. Aber es ist immer noch ein riesen, ein riesen (*betont*) Unterschied zu einem Minimum von 5.000 Exemplaren, die Verlage drucken lassen müssen, damit sie überhaupt einen anständigen Stückpreis umsetzen können.

Für Sie ist vor allem die Interaktivität eine Möglichkeit, Kinder als Zielgruppe zu halten und zu aktivieren. Sehen Sie noch mehr Möglichkeiten, neue Zielgruppen zu erschließen?

Im Kinderbuchbereich sehe ich keine weiteren Möglichkeiten, neue Kunden zu gene-rieren, sondern alten Kunden zu behalten. Es ist, auch wenn es keiner wahrhaben will, beim Kinderbuch so, dass die Bücher von Erwachsenen für Kinder gekauft werden. Das ist eine eher bildungsnahe Klientel, die zum Teil noch anti-E-Book-mäßig einge-stellt ist - die jüngeren Eltern längst nicht mehr. Der *LIDL*-Einkäufer wird durch das E-Book kaum dazu gebracht, Bücher zu kaufen. Das ist leider so. Die Leute, denen es egal ist, was ihre Kinder sehen, hören oder konsumieren, werden wir nicht als Ziel-gruppe erschließen.

Sie haben eben schon gesagt, dass die Endgeräte zentral für die Entwicklung des Marktes sind. Können Sie noch weitere zentrale Treiber festmachen?

Die Verlage müssen das Digitale jetzt erst einmal verstehen. Wenn die Verlage in dem jetzigen Status und Denken feststecken bleiben, dann würde das die positive Entwick-lung ganz maßstäblich verhindern.

Der Haupttreiber ist natürlich die flächendeckende Verbreitung von Tablets. Für mich sind auch die neuen, großen Smartphones so etwas wie Tablets. Dezidierte Reader wie *Kindle* oder *Tolino* werden eher eine Randexistenz bleiben. Ich glaube aber nicht, dass sie verschwinden, gerade die E-Ink-Geräte haben bekanntlich große Vorteile.

Für Jugendliche ist die mobile Mediennutzung schon Normalität. Ein starkes Wachs-tum des Mobile-Sektors und die Verbreitung des mobilen Internets – nach dem Motto „Always on" – ist auch ein zentraler Treiber.

Hat das enriched E-Book Potential zum Massenmarkt oder wird es ein Nischen-produkt bleiben? Oder ist es irgendwann das Standard-E-Book?

Ich glaube, dass es irgendwann das wichtigste E-Book sein wird. Selbst wenn man die Schwelle für Enhancements mal ein bisschen anhebt, werden sich Standards heraus-kristallisieren, die der Kunde sozusagen erwartet und er wird bei der einfachen Abbil-dung des Printbuches im Digitalen schlichtweg enttäuscht sein. So etwas wie Glossare, Lexika oder Ortsangaben, E-Books mit solchen Basis-Enhancements wer-den die einzigen Bücher in fünf, sechs Jahren sein, die tatsächlich nennenswerte Stückzahlen machen werden.

Angenommen wir sprechen von einem E-Anteil von 30 Prozent fünf Jahren. Wie viel macht enhanced aus?

Das kommt wirklich darauf an, wo man die Grenze zieht. Wenn man sie so weit unten zieht wie ich, könnten es bereits 70 Prozent sein. Wenn man darunter fixed Layouts mit Interaktionen und Animationen versteht, dann sind es vielleicht fünf bis zehn Prozent.

Ich habe gelesen, dass *Facebook* bereits 2008 den Aufbereiter von Al Gores „Our Choices" aufgekauft hat. In den USA drängt *Apple* auf den Schulbuchmarkt. Kann man daraus deuten, dass bereits andere Player den enriched E-Book-Markt beherrschen werden?

Ja, das wird auf jeden Fall passieren. Das ist ja genau das, was die letzten Jahre immer passiert ist. Die Verlage stehen staunend vor einer Entwicklung, verteufeln sie und rufen dann nach dem Gesetzgeber, der doch bitte verhindern soll, dass irgendwelche Firmen das gleiche machen wollen wie sie. Langenscheidt ist ein super Beispiel dafür. Die wurden auf allen Seiten von Internetunternehmen überholt.
Und dann stehen Verlage staunend vor der Tatsache, dass eine Firma *Push Pop Press* oder *Megabook 2000* oder wie auch immer - irgendein Laden, der gar nicht aus der Buchbranche kommt - plötzlich ein riesen Stück aus dem Kuchen herausschneidet.
Es passiert ganz sicher, dass neue Player kommen und auch neue Geschäftsmodelle implementieren werden. Es wird nicht lange dauern, bis *Google* kostenlose Bücher zur Verfügung stellt, wenn sie uns beim Lesen und Browsen zugucken und protokollieren dürfen. Wir werden noch ganz viele Probleme in der Branche haben, die denkt: Zukunft gestalten heißt die Preisbindung retten. Aber das reicht einfach nicht als Programm.

Das ist interessant. Andere Interviewpartner sahen in diesem Fakt eher keine Bedrohung, da es sich *ja nur* um Endgerätehersteller handele, die *nur* ihre Geräte verkaufen wollen. Sie sehen aber durchaus die Gefahr, dass andere Unternehmen schneller als gedacht aufschlagen?

Ja, definitiv. *Apple* wird so reich mit seinem Blech, dass sie sich gar nicht um die Inhalte kümmern wollen. Aber auch in der Musikbranche hat *Apple* nachhaltig etwas verändert, ohne selbst ein Label zu sein.
Ich denke, da werden ganz neue Player kommen, die nicht aus klassischen Buchverlagen stammen und die vielleicht, im günstigsten Fall, von den großen Verlagsgruppen aufgekauft werden, um sie zu integrieren. Aber der Schub wird leider, leider, leider nicht aus den Verlagen kommen.

Vielen Dank für das Interview, Herr Möllers!

e. Interview Naumann, *Rowohlt*

Interview mit Herrn Dr. Uwe Naumann *(21. März 2013, Telefoninterview)*
Lektorat Sachbuch und Koordinator E-Book bei Rowohlt

Rowohlt war im Herbst 2010 einer der allerersten Verlage, die im deutschsprachigen Raum enhanced E-Books herausbrachten. Herr Dr. Naumann war zu dieser Zeit der Projektleiter dieser Produkte. Seit Oktober 2012 ist er der von Lektoratsseite verantwortliche Koordinator aller E-Books bei Rowohlt.

Herr Naumann gab im Vorlauf des Gesprächs seine Zustimmung zur Tonbandaufnahme und zur Namensnennung bei der Datenverwertung.

Herr Naumann, wie würden Sie ein enriched E-Book definieren?

Das enriched E-Book bietet, was das klassische Printbuch nicht leisten kann und auch normale Digitalbücher bislang nicht bereitstellen: bewegte Bilder, Tondokumente, grafische Effekte, Animationen und Interviews.
Bei *Rowohlt* wird der komplette Text des jeweiligen Buches zugrunde gelegt, einschließlich der im gedruckten Buch bereits enthaltenen Bilder und Dokumente. Neu hinzu kommen eigens produzierte Elemente, mit denen die Thematik des Buches veranschaulicht, vertieft oder auch variiert werden kann. So bieten die Digitalbuch-plus-Projekte Wissensvermittlung und Unterhaltung auf eine neue, spielerische Art und Weise. *Rowohlt* sieht in dem Format der enriched E-Books eine Option für die Zukunft: Es ermöglicht eine neue, zeitgemäße Form des Bücherlesens.

Lässt sich für Sie eine Grenze ziehen, ab wann ein E-Book wirklich enriched ist?

Ich glaube, dass es diese Abgrenzung nicht gibt, weil alles fließt und wir uns in einer Umbruchsituation und in einem Übergang befinden. Ich verstehe, dass Sie aus wissenschaftlicher Sicht gern eine definitorische Abgrenzung hätten, doch die Realität und Praxis sieht anders aus. Die Übergänge sind fließend und werden es auch bleiben.
Ich stehe bei *Rowohlt* momentan vor der Aufgabe, das digitale E-Book-Programm zusammenzufassen und einen Überblick zu geben. Da sind E-Books dabei wie zum Beispiel ein geographisches Lexikon von John Oldale, in denen winzige Animationen enthalten sind, die man fast gar nicht bemerkt, wenn man nicht genau aufpasst. Und trotzdem ist es ein enhanced E-Book, wenn zum Beispiel - ich fantasiere jetzt - auf der Seite von Korea der Grenzpfahl wackelt. Das gehört formal dann zu den enhanced E-Books, selbst wenn es nur drei Elemente wären.
Insofern gibt es keine klare Abgrenzung, und die Übergänge werden auch fließend bleiben.

Das heißt, Interaktivität ist nicht zwingend notwendig für ein enriched E-Book?

Das nicht, aber sie wird in Zukunft auf jeden Fall eine starke Rolle spielen. Aktuell steht für mich das Multimediale zwar klar im Vordergrund. Aber gerade bei den Kinderbüchern rückt ein Element ins Zentrum, das bisher bei den Erwachsenenbüchern keine Rolle spielte: das Spiel, also die Möglichkeit, aktiv etwas am Computer zu tun – was Kinder bekanntlich lieben. Hier wird eine Dimension des elektronischen Publizierens erreicht, die vielleicht für die Zukunft große Bedeutung haben wird: Das Buch und das Spiel rücken zusammen, verschmelzen zu einem Produkt.
Jeder, der schon einmal Kinder am *Nintendo* beobachtet hat, weiss, wie Kinder auf so etwas abfahren. Das ist auch aktuell immer wieder meine Erfahrung. Wenn man Kindern ein *iPad* in
die Hand gibt, bekommt man es in der Regel unter drei Stunden nicht wieder – wenn man sie
lässt wohlgemerkt. Der Spieleffekt ist hier ganz groß, Kinder lieben das. Und Kinder haben auch keinerlei Scheu oder Hemmschwellen. Erwachsene haben diese Hemmschwellen viel stärker und wissen oft nicht, wie sie neue Sachen bedienen sollen, und sie stellen dann tausend Fragen. Kinder gehen hin, nehmen das Device in die Hand und machen. Für Kinder ist es natürlich toll, wenn das Gerät etwas zurückgibt. Deshalb hat das Interaktive einen hohen Attraktionswert.
Hier muss ich - im Sinne von keinen klaren definitorischen Abgrenzungen - das Beispiel nennen, dass auch der Game- und der Book-Markt verschwimmen. Auch da sind die Grenzen fast schon fließend. Wir haben solche Versuche mit der Kinderfigur „Geronimo Stilton", einem Import aus Italien, gemacht. Da können Sie zum Beispiel auf dem Gerät etwas anmalen und anschließend elektronisch wieder weg machen. Oder man kann ein Suchrätsel lösen, bei dem man falsche Gegenstände einkreisen muss. Und wenn Sie alle fünf Fehler gefunden haben, sagt das Gerät zu Ihnen: „Super!" Auch

wenn das ein ganz elementares und bescheidenes interaktives Element ist, kommt es bei Kindern unheimlich gut an.

Auch bei Ihren Kollegen fällt immer das Wort Spielen, wenn es auf die Frage der Interaktivität kommt. Doch ein Leser kann auch unterstreichen, Markierungen setzen oder ähnliches. Ist das Interaktivität oder sind das Grundfunktionen eines E-Books beziehungsweise eines E-Readers?

Ich finde, interaktiv ist ein bisschen zu einem Modewort geworden. Das benutzt man einfach gerne, es hört sich ja schließlich gut an, wenn man sagt: „Wir machen interaktive Produkte!" Da ist man als Verlag dann voll im Trend und kann sich erst einmal selbst auf die Schulter klopfen. Deshalb wird das Wort gern benutzt.
Wir hatten neulich auch den Fall, wo wir darüber nachgedacht haben, ob ein Projekt jetzt eigentlich interaktiv genannt werden kann. Und wir kamen darauf, dass - wenn wir ehrlich sind - es gar nicht interaktiv ist sondern es passieren einfach multimediale Dinge, die im strengen Sinne nicht interaktiv sind.

Das ist schön zu hören. Mein Gefühl ist wirklich, dass vieles von den Verlagen als interaktiv verkauft wird, es aber eigentlich nichts Neues ist.

Es ist einfach ein marktschreierischer Trick, würde ich mal überspitzt sagen. Aber ich bin der Überzeugung, dass es für die Zukunft Entwicklungspotentiale gibt, die ich Ihnen nicht genau beschreiben kann, da ich sie selber noch nicht kenne und wir sie uns einfach noch nicht vorstellen können. Da werden Dinge möglich werden, die erstaunlich sind und wo dann wirklich etwas Interaktives passiert.
Zum Beispiel: Ein Krimiautor gibt eine Story vor, und diese wird von Lesern weitergeschrieben. Irgendwann landet die Geschichte dann wieder beim Originalautor. Solche Formen der Community, in der geschrieben, gemeinsam kommuniziert oder Beiträge verfasst werden, das wird kommen! Wenn Sie sich überlegen, wie *Facebook* funktioniert oder auf *Amazon* die Rezensionen funktionieren – die Leute suchen das und wollen die Teilhabe. Und ich glaube, dass dies ein Stück Zukunftspotential für E-Books überhaupt ist.

Wenn wir zurück in die Gegenwart kommen, wie würden Sie denn die aktuelle Marktsituation beschreiben?

Ich würde sagen, dass die enhanced E-Books vorläufig in einer schwierigen Situation gelandet sind – um nicht zu sagen sogar in einer Sackgasse. Das betrifft auch *Rowohlt*. Auch wir sind zögerlich geworden, was wir dort machen und ob wir das weitermachen. Das hat mit mehreren Punkten zu tun. Für mich sind es mindestens drei Punkte:
Erstens ist es das Wirrwarr an Geräten und an Formaten, welches es sehr schwierig macht. Das ist eine Barriere, die sich durch die Marktentwicklung von selber aufgebaut hat und die spürbar ist. Nehmen wir das erste enriched E-Book, welches wir produziert haben: Die „Einstein-Monographie", angereichert mit Video- und Tondokumenten. Wenn wir das für alle Geräte und Formate anbieten wollten, die auf dem Markt sind, würde uns das ein Vermögen kosten. Und es würden trotzdem nur geringe Verkaufszahlen da sein. Das macht es dann sehr schwierig. Im Grunde genommen hat man nicht ein Produkt, das man produziert und bei dem man überschaubare Kosten und ein verlässliches Publikum hat. Nein! Sondern es steht ganz Vieles in Frage im Moment. Diese Geräte- und Formate-Vielfalt ist schon für die, die produzieren, verwirrend, verunsichernd und irgendwo auch ärgerlich. Geschweige denn für die Benutzer. Wenn ein Kunde sich im Laden zum Beispiel einen *Kindle Fire* kauft und geht nach Hause und merkt, dass er viele Produkte darauf gar nicht abspielen kann - dann ist dieser Kunde natürlich frustriert und verärgert.

Ein zweiter Punkt, der schwierig ist und auch in Ihren Fragen drin steckt, ist das Pricing. Die Preisschwellen sind wahnsinnig. Im App-Store haben Verlage das Problem, dass sie eigentlich nichts über fünf Euro anbieten dürfen, da sie sonst vollkommen aus dem Preisgefüge herausfallen. Das ist aber für die Produkte, die wir machen, unsinnig. Denn aufgrund der hohen Produktionskosten können Verlage die enriched E-Books nicht zu einem solchen Schleuderpreis rauswerfen. Eine wirkliche Anreicherung wie die der „Einstein Monographie" mit historischen Bild- und Tondokumenten sowie Originalfotos und so weiter, das kostet etliche tausend Euro. Da konnten wir nicht sagen: „Das bieten wir für ein oder zwei Euro an." Sicherlich kann man mit einem Kampfpreis an den Markt gehen, aber so etwas ist doch auf die Dauer keine Strategie!

Das Pricing ist ein Grundsatzproblem inklusive der Tatsache, dass viele Kunden immer noch denken, digitale Produkte müssten eigentlich umsonst sein, so wie *YouTube*, *Google* und *Wikipedia*. Dieses Problem ist auch im Buch-Sektor noch nicht gelöst. Die Verlage versuchen natürlich, die Preise stabil zu halten und kämpfen für die Preisbindung auch bei E-Books. Aber es ist ein ungeklärtes Feld. Das Pricing ist also auch eine Ursache, die es den enhanced E-Books schwer macht. Denn wenn man sie zu einem fair kalkulierten Preis verkaufen würde, müssten sie noch teurer sein. Das nehmen die Kunden dem Markt aber momentan nicht ab.

Und das dritte Problem, an dem wir und sicherlich auch andere Verlage arbeiten, ist: Wie und wo bietet man denn diese Produkte an und wie und wo propagiert man diese? Wir hatten in den letzten drei Tagen unsere Vertretersitzung – sozusagen das ganz klassische Modell. Die Vertreter kommen her und bekommen von uns das Programm vorgestellt. Dann folgt in ein paar Wochen die gedruckte Verlagsvorschau. Dann gehen die Vertreter in die Buchhandlungen, bieten die Bücher an. Die Presseabteilung schickt Materialien an die Medien und Journalisten. Aber dies alles ist ja nicht 1:1 übertragbar auf das E-Book. Und schon gar nicht auf enhanced E-Books.

Mein Eindruck ist, dass viele Endkunden und Sortimenter noch gar nicht wissen, was im Angebot ist an digitalen Produkten und was sich entwickelt hat. Ich habe auf dem *Publishers' Forum* von *Klopotek* in Berlin vor einem Jahr einen Vortrag über unsere enriched E-Books bei *Rowohlt* gehalten. Vor einem internationalen Publikum aus circa dreihundert Zuhörern. Nach dem Vortrag kamen viele Kollegen zu mir und meinten: „Das ist ja toll, was ihr alles macht. Haben wir alles gar nicht gewusst." Es war wirklich eine Kettenreaktion aus Erstaunen und Respekt. Und ich habe mir gedacht: „Meine Güte, was für eine schlecht funktionierende Kommunikation wir in der Fachbranche haben."

Nur in der Fachpresse oder auch in der Öffentlichkeit?

Ein dringendes Problem bei den enriched E-Books ist die bisher dürftige Resonanz in der Presse und generell in der Öffentlichkeit. Für die Feuilletons fällt das, was wir neuerdings generieren, eher zwischen alle Stühle - es sind keine richtigen Bücher, aber auch keine richtigen Filme oder Hörbücher. Wo also soll man enhanced E-Books besprechen? Soll man das überhaupt tun? Und welcher etablierte Kritiker ist mit den neuen Medien und Geräten so vertraut, dass er die Qualität einer Produktion wirklich beurteilen kann? Seit wir vor zweieinhalb Jahren bei *Rowohlt* mit den Digitalbuch-plus-Projekten begannen, gab es eine einzige größere Besprechung im überregionalen Feuilleton. Eine!

Fairerweise muss ich hinzufügen, dass die Branchenpresse deutlich größeres Interesse an den enriched E-Books zeigt; entsprechend häufig und umfangreich sind dort die Berichte über die neuen digitalen Produkte.

Zusammenfassend gibt es ausgehend vom Verlag ungeklärte Kommunikationswege, die alle betreffen: Sowohl den Händler als auch den Journalisten, der kritisieren, rezensieren und propagieren soll. Dies betrifft auch den Endverbraucher, ganz eindeutig!

Aber Sie denken schon, dass Sie mit dem enriched E-Book den Zahn der Zeit treffen und es einem neuen Mediennutzungsverhalten gerecht wird?

Ich bin ziemlich sicher, dass das so ist. Auch wenn ich damit im Moment wahrscheinlich nicht in großer Gesellschaft bin. Ich bin der festen Überzeugung, dass das enriched E-Book ein Zukunftsmodell ist.

Es kann natürlich sein, dass es sich noch gewaltig verändert. Hin zu Formen, die ich noch gar nicht beschreiben kann, sonst würde ich ja versuchen, sie hier im Hause voranzutreiben. Aber wenn ich mir angucke, wie jüngere Menschen mit technischen Geräten und Medien umgehen, nehme ich einen starken Veränderungsprozess des aktiven Umgangs mit diesen Medien und auch der Konsumgewohnheiten wahr. Der Umgang ist für Jüngere ganz selbstverständlich, und Multimediales ist gewollt.

Würden Sie sagen, dass ein Bedürfnis für enriched E-Books vorherrscht?

Ich würde eher fragen, ob das einzelne Foto oder das eingefrorene Standbild noch zeitgemäß ist in einer Epoche der bewegten Bilder. Das kann man getrost bezweifeln. Jeder neue Musiktitel wird heute mit einem Videoclip begleitet; jedes Smartphone unserer Tage hat eine eingebaute Kamera für das Aufnehmen von bewegten Bildern. Warum also nicht auch die ehrwürdigen *Rowohlt*-Bildmonographien mit entsprechendem Material anreichern? Dies war der Ausgangspunkt für das Konzept von *Rowohlts* Digitalbuch-plus-Projekten.

Sowohl Sie als auch das Haus *Rowohlt* sehen in dem Enriched-Segment ein sehr großes Potential?

Ja, definitiv. Aber eben mit eingeschlossen, dass es sich möglicherweise in eine Richtung verändert, die wir alle noch gar nicht wissen können. Also hin zum bereits angedeuteten multimedialen oder auch interaktiven Erzählen. Das hat sich noch nicht durchgesetzt, ist aber etwas, das möglicherweise ganz stark kommen wird.

Sie meinen Social Reading und Writing?

Genau. Sowohl Social Reading als auch Social Writing und das Thema der Community. Das ist zu vergleichen mit den Games. Dort bilden sich Gruppen und Communitys um Themen mit bestimmten Grundideen. Diese Communitys verzeichnen teilweise sechsstellige Userzahlen! Ich glaube, in diesem Feld wird es auch bei dem, was die Buchverlage machen, noch eine Menge Entwicklung geben.

Eine Entwicklung, dass ein Buchverlag auch unter Umständen mehr in die Richtung Games geht?

Das kann ich mir gut vorstellen. Das Problem ist jedoch, dass wir darauf nicht vorbereitet sind, vor allem nicht vom Personal her. Aber ich glaube, dass das wichtig ist und auch kommen muss, dass die Übergänge fließender werden.

Die Lektoratskollegen sind es natürlich gewohnt, dass sie einen Text lesen, oft noch mit dem roten Korrekturstift in der Hand oder aber mit einem Korrekturprogramm am Computer, und am Ende einen fertigen Text haben, der gedruckt oder gegebenenfalls ins Netz gestellt wird. Was dazwischen eingefügt und eingebaut werden kann, das ist für die meisten erst einmal Neuland. Das heißt nicht, dass sie nicht offen sind dafür, aber es verunsichert erst einmal, da man nicht weiß, wie es geht. Oder ob man es überhaupt kann, beziehungsweise woher man es lernen soll. Für die Mitarbeiter in den Verlagen sind angereicherte E-Books ein Feld, in dem sie Kompetenz und Know-how erst erwerben müssen. Viele Berufsbilder in unserer Branche werden sich radikal verändern.

Es geht erst einmal um das Wissen, woher ich Multimediainhalte bekomme, den technischen Einbau übernehmen dann andere. Auch das Rechteverhandeln ist neu und teilweise unbekanntes Gebiet. Normal wird ein Vertrag mit dem Autor ausgehandelt,

und im Werk sind eventuell noch fünf Bilder drin, für die man noch einmal Rechte einholen muss. Jeder Lektor weiß, wie das geht. Aber wie man an die Rechte zu Filmausschnitten kommt, auf dem Einstein beispielsweise 1931 eine Rede in Berlin hält, das ist schon komplizierter. Sind da überhaupt Rechte drauf, wer hat die und wie bekomme ich diese? Was muss ich dafür bezahlen? Alles Neuland! Oder wie organisiert man einen Filmdreh, wenn er nötig ist?
Entsprechendes gilt für andere Abteilungen des Verlags, von der Presse- bis zur Vertragsabteilung. Nicht wenige Kolleginnen und Kollegen fühlen sich überfordert. Und es wäre unsinnig, dies den einzelnen Mitarbeitern anzulasten. Also müssen Wege gefunden werden, die Mitarbeiter fortzubilden und zu qualifizieren. Ein weites Feld...

Von der momentanen Situation aus gesprochen. Welche Art von E-Book eignet sich Ihrer Meinung nach besonders zur Anreicherung?

Es gibt zwei Segmente, die ich zwar selber nicht betreue und die im *Rowohlt*-Programm keine große Rolle spielen, die aber meiner Meinung nach wunderbar geeignet sind. Das ist zum einen der Bereich Kochbücher. Das geht aktuell nicht nur so weit, dass man sich angucken kann, wie der Koch kocht. Sondern man geht in den Laden und hat schon die Einkaufsliste dabei!
Und ein zweites Segment, das meiner Meinung nach großes Potential hat, ist der Reisebuchsektor und allgemeine Reiseinfos. Man sieht jetzt schon immer mehr Menschen mit Ihren Handys als Reiseleitung durch die Stadt gehen. Früher hätte man sich einen Sprach- und einen Stadtführer mit Karten et cetera gekauft. Jetzt laden Sie sich das Ganze in einem Produkt aus dem Netz, gehen beispielsweise in Barcelona in die Ramblas, klicken auf das Gerät und bekommen sofort angezeigt, was es im Nachbarhaus zu sehen oder auch zu essen gibt.
Allgemein eignen sich Ratgeber und Sachbücher einfach super zum Anreichern. Auch im Bereich Gesundheit ist vieles möglich. Auch Fachbücher eignen sich super. Da ist nur die Frage, ob die Nutzer das im Moment überhaupt annehmen würden. Und wo es ganz spannend wird, das ist, wenn es in Richtung Schul- und Lehrbücher geht. Der didaktische Bereich ist prädestiniert.

Und das Belletristik-Segment?

Ich habe das Gefühl, da ist das Thema der Anreicherung noch zweiter oder dritter Rangordnung. Auch wir merken es bei *Rowohlt*. Belletristische Anreicherung ist schwierig und manchmal auch langweilig.
Wir haben das beispielsweise mit einem historischen Roman über eine Schlacht in England gemacht. Dort kann dann man sich zum Beispiel Kurzbiographien von Personen ansehen. Okay, das ist etwas, aber das ergibt jetzt keinen großen Kaufanreiz. Zumal ich in Diskussionen in den letzten drei Jahren gelernt habe. Es gibt ein positiv besetztes Wort, das ich sehr schön finde. Es ist aber sozusagen das Gegenkonzept zu dem, was wir mit den enriched E-Books tun. Ich meine das „unterbrechungsfreie Lesen". Als positiver Wert und auch, wenn Sie so wollen, als kultureller. Dass das Lesen eben nicht durch einen Ton, ein Bild oder auch Werbung gestört wird. Sondern man kann lesen, ohne gestört zu werden. Das ist tatsächlich ein Kulturwert, der in Abgrenzung zum E-Book und auch zum angereicherten in Zukunft wieder eine starke Rolle spielen wird.

Denken Sie, dass es vielleicht in Zukunft mehr Enriched-Onlys geben wird, die ohne Printvorgänger und Nachsatteln produziert werden?

Pauschal antworte ich laut und eindeutig mit ja. Aber auch das ist erst am Anfang einer Entwicklung.
Viele Dinge stehen dieser Entwicklung jedoch noch im Wege. Im Moment höre ich hier im Haus verstärkt die Frage: „An wen muss ich mich jetzt wenden?"

Stichwort Workflow?

Genau. Die Workflows für E-Books und enriched E-Books sind noch ganz am Anfang. Und die Verunsicherung ist groß, weil keiner genau weiß: „Was machen wir jetzt? Und wie geht das?"
Wir bereiten gerade die ersten E-Book-Only-Projekte vor. Und als wir im Januar fast fertig waren mit einem Projekt, sagte jemand: „Moment mal, das ist ja eine englische Erzählung. Wie nennen wir das denn auf Deutsch? Und wir haben ja auch gar kein Cover!" Daran merkt man wunderbar exemplarisch, dass es den (*betont*) Workflow digitaler Produkte noch nicht gibt und er erst noch angeschoben werden muss.
Generell ist die Entwicklung angereicherter E-Books ein Arbeitsprozess mit durchaus vergnüglichen Seiten. Wir bewegen uns dabei ständig auf Neuland, sozusagen in einem Experimentierfeld. Das ist aber in der Regel zeit- und durchaus auch kostenaufwendig.

Könnten Sie in Worte fassen, was ein Konzept für ein erfolgreiches enriched E-Book ausmacht?

Das Prinzip aller enriched E-Books, die wir bei *Rowohlt* produzieren, könnte man folgendermaßen beschreiben: das Film- und Tonmaterial, das wir benutzen, muss exklusiv oder zumindest selten sein. Wir wollen nicht Filme oder Töne in unseren Produktionen noch einmal duplizieren, die bei *YouTube* oder anderswo schon längst und umsonst zu haben sind. Damit ist die Latte allerdings sehr hoch gelegt; und es bedarf findiger Köpfe und geschickter Rechteverhandler, wenn die Sache gelingen soll.

Woher kommt der Content für die mediale Anreicherung?

Also man versucht immer, die Kosten im Rahmen zu halten. Momentan ist das Feld der enriched E-Books einfach noch nicht profitabel. Auch wenn der E-Book-Markt insgesamt, nicht nur bei *Rowohlt*, mit erheblichen Sprüngen nach oben wächst. Trotzdem wird noch kein glorreicher Umsatz gemacht. Man probiert aus, investiert auch etwas. Aber eben keine riesigen Summen, denn wir sind im Grunde genommen noch in einer Lernphase. Wo der jeweilige Content her kommt, ist dennoch ganz verschieden.
Bei „Einstein" haben wir vorwiegend auf Dokumentarmaterial zurückgegriffen. Bei „Ich weiß was du denkst" von Thorsten Havener haben wir selber einen ganzen Tag lang mit ihm gedreht und so Filmmaterial generiert. Im Fall von Bernhard Hoecker und dem launigen Reisebericht „Meilenweit für kein Kamel" hat er sich selbst die ganze Zeit mit der Kamera gefilmt. Ein viertes Projekt kam dazu, bei dem das interaktive Element zur Hauptsache wurde: Sascha Lobos Roman „Strohfeuer". In die E-Book-Version des Buches bauten wir am Ende eine "Buchfrage" ein, welche dem Leser die Möglichkeit gibt, mit dem Autor direkt zu kommunizieren. Ein Schritt zum Social Web, eine Einladung zum Einstieg in eine Community. Oder: Für ein Kinderbuch übernehmen wir aktuell das ganze Framework aus dem Originalverlag in Italien.

Also ein Mix zwischen Zukaufen, Einkaufen und selber Produzieren?

Ja, genau. Und alle Varianten muss man im Kopf haben, um sie kreativ bei jedem einzelnen Projekt anzuwenden. Man braucht auch immer eine gewisse Phantasie, was man alles machen kann.

Die technische Produktion und Programmierung wird outgesourct?

Ja, auf jeden Fall.

Denken Sie darüber nach, sich einen IT-Spezialisten ins Haus zu holen?

Bei uns herrscht die Philosophie vor, dass jeder Kollege, zum Beispiel jeder Hersteller, aber auch jeder Lektor, sich mit den neuen elektronischen Produkten beschäftigen soll. Wir haben keine gesonderte E-Book-Abteilung. Stattdessen gilt für jeden, dass er das Prinzip und die Funktionsweise der E-Books verstehen und mitbekommen soll. Sodass irgendwann das ganze Haus qualifiziert sein wird, solche Produkte herzustellen. Was natürlich nicht heißt, dass man nicht mal einen Spezialisten ins Haus holen könnte. Gerade für einzelne, spezifische Projekte.

Sie haben es eben bereits kurz angesprochen, aber was genau sind die größten Kostentreiber bei der Anreicherung?

Die technische Realisierung. Ganz klar. Die medialen Inhalte sind mal teuer und mal nicht ganz so teuer.
Ich habe gehört, dass die Produktionskosten des neuen enriched E-Books von Ranga Yogeshwar bei *Kiwi* angeblich im sechsstelligen Bereich lagen. Das Buch ist wunderbar gemacht. Aber wir bei *Rowohlt* würden so etwas Aufwendiges nicht machen und gehen vorsichtiger vor.

Wie sehen Sie die Möglichkeiten zur Preisgestaltung bei enriched E-Books?

Wir sprechen bei angereicherten E-Books von Produkten, die deutlich mehr an Informationen enthalten als das Printbuch. Oft ist es filmisches Material, das zusammengerechnet eine Länge von ein bis zwei Stunden hat. Dass diese Anreicherung, dieser Mehrwert einen höheren Verkaufspreis als das Printbuch beziehungsweise als das einfache E-Book notwendig macht, ist beinahe selbstverständlich. Dies legen wir unserem Pricing zugrunde - und bemühen uns zugleich, den Aufpreis in Grenzen zu halten. Ein paar Beispiele. Die Einstein-Monographie kostet als Printbuch 8,95 Euro, als einfaches E-Book 8,49 Euro und als Digitalbuch-plus 12,99 Euro, also knapp drei Euro mehr als die auf Papier gedruckte Version. Bei Bernhard Hoecker bezahlen Sie 9,95 Euro für die Printausgabe, 9,49 Euro für das einfache E-Book und 12,99 Euro für die Enriched-Version.
Soviel zum Ist-Zustand der Preise. Ob das insgesamt eine richtige und auf Dauer haltbare Pricing-Strategie ist, kann man ausgiebig diskutieren.

Wird sich ein E-Book-Format halten oder kann es eventuell doch zur App umschlagen?

Da bin ich offen gesagt unsicher. Gerade weil es so verwirrend ist. Auch ich bin verwirrt von Geräten und Formaten. Ich lasse mich von meinen technisch versierteren Kollegen beraten, und die sagen mir: „Im Moment ist es so und so." Im nächsten Moment holt ein anderer Kollege ein Gerät aus der Tasche - und da ist alles schon wieder anders.

Also Sie sehen darin keine Frage der Formate, sondern der Entwicklung der Endgeräte?

Ja. Genau.
Vielleicht ist es ein schwacher Vergleich, aber vor einigen Jahren hatten wir die Frage, welches Videoformat sich durchsetzen wird. Irgendwann war das VHS-Format unumstritten. Aber davor gab es noch parallel Beta-X und alles mögliche andere. Das war schon schwierig. Ich hatte im Freundeskreis auch das Problem, dass wir uns nicht gegenseitig die Filme ausleihen konnten, weil unterschiedliche Geräte im Spiel waren. Und so ist das im Moment noch beim E-Book. Aber es ist ganz klar, dass es sowohl im Sinne der Verbraucher als auch der Verlage ist, dass es eine Vereinheitlichung gibt.

Wie schätzen Sie die zukünftige Marktentwicklung ein? Wird das enriched E-Book ein Nischenprodukt bleiben, oder hat es mehr Potential?

Nein, es wird kein Nischenprodukt bleiben. Es wird ein Massenprodukt werden. Wie groß, weiß ich nicht und kann ich nicht beurteilen. Aber das Potential ist noch bei weitem nicht ausgeschöpft.

Angenommen, der E-Book-Markt hat sich in fünf Jahren auf 20 oder 30 Prozent entwickelt.

Ja.

Könnten Sie einschätzen, wie hoch ein Anteil von enriched sein könnte?

Das ist schwer zu sagen, weil er im Moment ja wirklich noch sehr, sehr gering ist. Auch bei *Rowohlt* - wenn ich mir die Verkaufszahlen angucke, ist das aus kaufmännischer Sicht deprimierend. Aber das kann sich natürlich schnell ändern. Einen Anteil der enhanced E-Books an den E-Books von zehn oder 20 Prozent halte ich für gut denkbar.

Jetzt haben Sie schon vorhin gesagt, damit der Markt wächst, müsste besonders an der Kommunikationsstrategie der Verlage etwas geändert werden. Hat damit auch das vorherrschende Namenschaos und – wirrwarr etwas zu tun? Enriched, enhanced, E- Book plus....

Ja, das denke ich schon.
Wir haben grade vor zwei Wochen beschlossen, dass wir eine Umbenennung vornehmen. Bei uns hieß das Ganze seit 2009 „*Rowohlt* Digitalbuch", und unsere enhanced E-Books firmierten als „*Rowohlt* Digitalbuch-plus". Wir haben dann kürzlich Grafiker für neue Labels engagiert, und als die Agentur hier war, packte sie ihre Entwürfe auf den Tisch und sagte: „Ihr spinnt ja mit eurem altmodischen Wort ‚Digitalbuch'. So einen Ausdruck benutzt doch keiner mehr. Alle Welt spricht von E-Books – warum nennt ihr das nicht auch so?" Dann haben wir gestutzt und nachgedacht und uns schließlich zum Umschwenken entschlossen. In Zukunft wird es „*Rowohlt* e-book" mit Zusätzen heißen. Es wird „E-Book only", „E-Book plus" und so weiter geben.
Aber ich denke, Sie haben Recht. Die Verunsicherung ist groß, gerade weil alles so neu ist. Da muss eine Klärung für den Kunden her, was er gerade eigentlich für ein Produkt vor sich hat und welche Varianten er kaufen kann.

Vielen Dank für das Interview, Herr Naumann!

f. Interview Nöth, *books+*

Interview mit Frau Ute Nöth (*25. März 2013, Telefoninterview*)
Inhaberin von *books+* und freie Projektmanagerin für enhanced E-Books

Ute Nöth konzipiert und betreut als selbstständige Projektmanagerin enhanced E-Books für Buchverlage aus dem Belletristik- und Sachbuchbereich, im Moment überwiegend für Hoffmann und Campe. Der Schritt in die Selbstständigkeit als Lektorin und Projektmanagerin erfolgte 2011 nach beruflichen Stationen bei Books on Demand und dem Zeitschriftenverlag bunkverlag.

Frau Nöth gab im Vorlauf des Gesprächs ihre Zustimmung zur Tonbandaufnahme und zur Namensnennung bei der Datenverwertung.

Frau Nöth, wie würden Sie enriched E-Book definieren?

Meine Mindestanforderung an ein enriched E-Book ist, dass es über die reine Abbildung des Printproduktes hinausgeht und gegenüber der digitalen Kopie des gedruckten Buches einen Mehrwert bietet. Der Inhalt des Buches muss sich dabei durch den Leser auf unterschiedlichen Ebenen beziehungsweise Leveln erschließen lassen. Enhanced, und somit der Mehrwert, bewegt sich zwischen den beiden Polen Multimediaintegration und Interaktivität.

Ist eine Markierungsfunktion oder ein Wörterbuch bereits ein Mehrwert und ein Argument für enriched?

Ich würde sagen ja. Alles was die Interaktion des Lesers mit dem Inhalt zulässt, ist für mich bereits eine Anreicherung. Eine Anreicherung basiert auf einer Konzeption, die von Beginn an berücksichtigt, was das Trägermedium oder das Endgerät umsetzten kann.

Wie würden Sie die aktuelle Marktsituation beschreiben?

Ganz klar als schwierig. Es gibt eine recht breite Front, die enhanced E-Books als überflüssigen Nonsens ansieht. Im Internet kursiert beispielsweise ein Bild von einem Grabstein mit der Inschrift: „Enhanced E-Book 2009 – 2011". Obwohl noch so jung, wird das Format bereits von vielen Marktteilnehmern abgeschrieben.
Ich hingegen glaube ganz und gar nicht, dass das enhanced E-Book tot ist. Ich denke vielmehr, dass wir uns gerade in einer Zwischenphase befinden. Und zwar im Übergang von einer Pionieranwendung, in der Verlage versuchen die grundlegenden Technologien auszuprobieren, hin zu einem breiteren Markteintritt. Momentan steht noch (*betont*) eine Technologie- und Innovationsorientierung beziehungsweise auch deren Nachvollziehbarkeit auf Hard- und Softwareseite im Vordergrund. Verlage sind dabei, Kompatibilitätsprobleme und Workflows zu regeln. Der nächste Schritt ist nun, eine Kunden- und Marktorientierung in den Fokus zu nehmen.
Kurz gesagt: Bisher haben sich Verlage darauf konzentriert, was die Technik hergibt. Aber die eigentliche Frage lautet: „Wie gehen wir mit Kunden und deren Wünschen um? Was will eigentlich der Markt?" Klar, wir müssen die Technik beherrschen, aber das nächste große und äußerst dringende Thema wird die Vermarktung und Konzeption der enhanced E-Books.

Man könnte das bisherige Vorgehen der Verlage also mit einer Inside-out-Perspektive beschreiben – die Verlage schauen: Was können wir machen - und diese Perspektive muss sich jetzt wandeln hin zu outside-in - nach dem Motto: Was will der Kunde, was sind seine Bedürfnisse?

Ja, ganz genau. Bisher haben sich Verlage stark davon leiten lassen, erst einmal auszuprobieren, was technisch möglich ist. Die Technologie wurde ausgelotet. Und das war nicht immer vom Nutzer her gedacht. Jetzt beginnt die zweite Phase, in der Verlage das Handwerkszeug beherrschen und die eigentliche Leistung erbringen müssen, nämlich das Vermarkten: die richtigen Produkte für die richtige Zielgruppe zu machen.

Trifft das enriched E-Book den Zahn der Zeit bezüglich des neuen Mediennutzerverhaltens oder ist der Nutzer noch nicht so weit und es besteht Erklärungsbedarf für die Produkte?

Nein, der Nutzer ist noch nicht so weit. Es besteht auf jeden Fall immenser Erklärungsbedarf. Ich bin mir auch nicht sicher, ob das Format den Zahn der Zeit trifft. Ich habe speziell bei der Generation um die 20 das Gefühl, dass erhebliche Skepsis gegenüber dem Format vorherrscht und das Papierbuch noch sehr hoch gehalten wird.

Meines Erachtens sind es eher die versierten Vielleser, die heute die Zielgruppe für enhanced E-Books sind.

Das wird sich aber bestimmt ändern, wenn nachfolgende Generationen mit Kinder-Apps aufwachsen und dadurch die Grenzen, was ein Multimedia-Buch oder eine App ist, immer mehr verschwimmen.

Ein Kollege hat gesagt: „In vielen Fällen erfolgt die Anreicherung heute um ihrer selbst willen und nicht getrieben von einem tatsächlichen Bedürfnis auf Seiten des Lesers." Das Zitat spiegelt die angesprochene Inside-out-Perspektive der Verlage wider. Würden Sie sagen, dass der Leser kein Bedürfnis hat, oder dass er es nur noch nicht kennt?

Ich glaube, dass der Leser dieses Bedürfnis oft noch nicht kennt und wir es antizipieren müssen. Dabei muss man genrespezifisch vergehen. Bei vielen belletristischen Werken ist eine Anreicherung zum Beispiel oftmals gar nicht Sinn der Sache, denn dort geht es vordergründig um den streng linearen Lesevorgang. Manchmal will man als Leser jedoch gerne etwas nachschlagen oder sich noch tiefer informieren. In dem Moment, in dem die Macher eines enhanced E-Books ein solches Informationsbedürfnis vorwegnehmen, wird das meiner Meinung nach sehr begrüßt.

Was ist das erfolgreichere Konzept: Wenn der Leser seinen Mehrwert erkennt, ohne ihn explizit suchen zu müssen oder dass er ihn als selbstverständlich und integriert im Lesefluss ansieht?

Da bin ich mir noch unsicher. Ich persönlich finde es schön, nicht alles auf einem silbernen Tablett serviert zu bekommen und selbst auf Entdeckungsreise zu gehen. Aber das scheint eine Typfrage. Bei einer Testleserunde für unseren Titel „Das Schandweib" waren die Erfahrungsberichte ziemlich kontrovers. Sogenannte In-Line-Auszeichnungen, die der Leser im Textverlauf für zusätzliche Informationen anklicken kann, wurden etwa sehr widersprüchlich bewertet. Auch da fehlen wissenschaftliche Untersuchungen und Verlage gehen momentan noch sehr intuitiv vor.

Das heißt, die Grenze zwischen Mehrwert und Überladung ist fließend?

Ja. Und sie wird erschwerend noch sehr individuell empfunden. Daher ist es unheimlich wichtig bereits bei der Konzeption zu bedenken, dass die Anreicherung auch wahlweise passieren kann – alles kann, nichts muss. Leider lässt es sich im EPUB-Format noch nicht umsetzen, dass sich zum Beispiel Inline-Auszeichnungen ein- und ausblenden lassen, bei Apps hingegen wäre das ein leichtes. Aber es muss Ziel sein, für einen mündigen Leser zu produzieren, der nach individuellem Ermessen mit dem Inhalt interagieren kann.

Aktuell wird so gut wie kein Marketing für angereicherte E-Books betrieben. Wo und wie können enhanced E-Books überhaupt sinnvoll beworben werden?

Das aktuelle Problem bei der Vermarktung von enhanced E-Books ist, dass es noch keine Darstellungsform ist, die jeder problemlos nutzen kann. Gleichzeitig ist es ein noch sehr erklärungsbedürftiges Format. Kaum jemand weiß, was ein enhanced E-Book überhaupt ist, was möglicherweise auch dem extrem sperrigen Namen geschuldet ist. Zweitens muss man beim Marketing noch extreme Einschränkungen kommunizieren beziehungsweise Empfehlungen hinterherschicken, welche Lesegeräte sich am besten zur Wiedergabe eignen. Man müsste so viel erklären, dass Marketing viel zu kompliziert wird und man mit hohen Streuverlusten rechnen muss. Zumal man die Zielgruppe noch nicht gut kennt.

Im Moment ist es eigentlich nur das *iPad*, welches die adäquate Umsetzung leisten kann, oder?

Ja, das kann man sagen. Auf *Android*-Geräten ist mir derzeit keine Lese-App bekannt, die Multimediainhalte abspielen kann.

Sie sagten eben, das Produkt trägt einen sehr sperrigen Namen. Meines Erachtens herrscht auch ein Definitions- und Namenschaos am Markt vor. Müsste sich die Branche nicht im besten Falle mit einem Namen einig werden, um branchenübergreifend kommunizieren zu können?

Das wäre natürlich eine schöne Sache, wenn man sich auf einen Begriff einigen könnte. Aber ich befürchte, so einfach lässt sich so etwas nicht beschließen. Es gibt bereits diverse Zuschreibungen, aber ich finde, keine davon passt so wirklich. Dennoch hoffe ich, dass wir in der Zukunft sowieso ganz auf diesen Begriff verzichten können. Dann ist das angereicherte E-Book das (*betont*) E-Book – sozusagen der Standard.

Aber auch wenn es im Moment noch eine starke Gemengelage ist, sehen Sie auf jeden Fall Potential in diesem Segment?

Ich sehe großes Potential. Ich glaube nicht, dass kommende Lesergenerationen es hinnehmen werden, dass zwischen Inhalt und Trägermedium eine Lücke ist. Wenn zum Beispiel von einem Ort die Rede ist, muss der Leser diesen auch sofort aufsuchen können. Der Leser wird nicht mehr akzeptieren, dass Infos, die über das Gerät verfügbar sind, nicht bereits im Buch enthalten sind und grundlegende Funktionen nicht auf dem Abspielgerät zur Verfügung gestellt werden - wo es doch so nahe liegt.

Welche Art von Büchern eignet sich Ihrer Ansicht nach zur Anreicherung?

Die einzelnen Fälle müssen zwar immer wieder individuell geprüft werden, aber eigentlich sind es fast alle. Mit der bereits erwähnten Ausnahme gewisser belletristischer Titel, die einfach zum linearen Lesen konzipiert wurden. Aber auch hier: Alles kann, nichts muss.

Wird es in Zukunft vermehrt „Enriched-Onlys" geben, die ohne Printvorgänger multimedial konzipiert werden?

Das hoffe ich auf jeden Fall sehr. Das hängt aber stark von einer veränderten Denkweise bei Verlagen und Autoren ab. Bisher ist es so, dass das Lektorat für das enhanced E-Book gemeinsam mit dem Autor, oder auch unabhängig von ihm, neue Zusatzinhalte passend zum Text erstellt. Und zwar in der Regel nach Abschluss des Manuskripts. Wenn dieser Prozess aber nicht erst im Nachhinein passieren soll, liegt die Hoffnung in einer neuen Autorengeneration, die von Anfang an für das digitale Format schreibt und sich der Möglichkeiten bewusst ist, die man zur Anreicherung einsetzen kann.

Der Content für die mediale Anreicherung kommt aus einem Mix aus Eigenproduktion und Rechte einholen. Sehe ich das richtig?

Genau. Man kann die Inhalteproduktion im Verlag selber stemmen. Oder man sucht sich dafür einen Dienstleister. Oder man lizenziert sich Material, das ist aber in der Regel sehr teuer. Oder man schließt Kooperationen.

Generell spielt Outsourcing, gerade was die technische Umsetzung angeht, noch eine sehr starke Rolle?

Ja, auf jeden Fall. Eine Basis-Umsetzung wie zum Beispiel die Integration von einer Audio- oder Video-Datei ist im Haus noch zu bewältigen. Aber bei größeren Projekten wird generell noch viel outgesourct.

Wie unterscheidet sich der Workflow eines enhanced E-Books zum Printbuch?

Der Vergleich ist sehr schwierig. Wie bereits gesagt: Im besten Fall würde die Umsetzung parallel laufen. Doch im Moment laufen die Workflows eigentlich noch zeitversetzt. Meist ist es so, dass man sich nach Manuskripteingang mit dem Autor zusammensetzt und über mögliche Anreicherungen diskutiert. Die Prozesse setzen oft noch aufeinander auf. Ich finde es natürlich wünschenswert, dass der Workflow parallel beziehungsweise wenigstens paralleler ablaufen würde.

Wie ändert sich die Rolle des Lektorats? Sind hier eher Multimedialektoren gefragt und muss neues Personal rekrutiert werden?

Es gibt in Verlagen grundsätzlich zwei Tendenzen, wie man das ganze Thema angeht. *Bastei Lübbe* hat zum Beispiel eine eigene Abteilung, in der die digitale Kompetenz gebündelt wird. Dort werden die Inhalte geschaffen und das eigentliche Lektorat hat im Zweifelsfall nicht viel damit zu tun.
Dann gibt es die andere Variante, dass man abteilungsübergreifende Workflows mit einer zentralen Projektsteuerung einführt. So machen wir es zumindest bei *Hoffmann und Campe*. Damit versuchen wir, das zentrale Know-how in alle Abteilungen des Verlages zu bringen. Besonders auch ins Lektorat, damit dort Ideen entstehen und Absprachen mit den Autoren von Anfang an getroffen werden. Sicherlich hat diese Variante Vorteile, aber auch Nachteile wie den hohen Kommunikationsaufwand. Oft sind Zuständigkeiten ungeklärt, die Workflows sind zu träge und manchmal hat man das Gefühl, dass „Digital last" und nicht „Digital first" neben dem Alltagsgeschäft gilt.
Auch wenn der erste Weg den Verlag bei digitalen Projekten schneller und handlungsfähiger macht, glaube ich, dass die zweite Strategie die bessere ist. Verlage müssen sich komplett wandeln und können dies nicht allein mit einer separaten Digitalabteilung leisten.

In welchem Format sehen Sie die Zukunft? Bleibt es ein E-Book-Format oder hat die App Potential?

Ich glaube, dass beides immer mehr zu einem wird. Jeder Verlag muss dennoch für sich selber entscheiden, was das Zukunftsmodell ist. Gerade im Dienstleistungsbereich und bei Serviceleistungen, wie zum Beispiel Kalorientabellen, sind Verlage im App-Bereich besser aufgehoben. Etwas Erzählerisches wie Belletristik ist in einer App hingegen schlecht aufgehoben.

Und würde die Ausgaben einer App auch nie wieder einspielen, oder?

Nein, ich glaube nicht. Erst einmal sind die Investitionen sehr hoch und die Preissensibilität ist noch höher. Verlage müssen sich auch über regelmäßige Updates und deren Aufwand im Klaren sein. Auch App-Marketing ist etwas ganz anderes. Erschwerend kommt hinzu, dass im App-Store nicht explizit nach Büchern gesucht wird.

Was ist momentan der größte Kostentreiber bei der Produktion?

Es ist nicht unbedingt die Umsetzung, zumindest wenn man es auf EPUB-Basis macht. Und auch nicht die Konvertierung. Es sind viel mehr die Zusatzinhalte und deren Erstellung: Videos produzieren, Audio-Dateien aufbereiten oder lizenzieren. Das ist generell teuer und muss jeweils gut abgewägt werden.

Sind es besonders deshalb starke Kostentreiber, weil es sich um neue Arbeitsschritte in einem unbekannten Feld handelt?

Ja, definitiv. Auch wenn man es vielleicht nicht als Kostentreiber sehen kann: Es ist vor allem der Umgang der wachsenden Komplexität. Der zu steuernde Apparat wird immer größer und umfassender. Daher ist diese ansteigende Komplexität auf eine indirekte Art sicherlich auch als Kostentreiber zu sehen.

Sie haben im App-Bereich bereits die Preissensibilität angesprochen. Wie sehen Sie die Möglichkeit der Preisgestaltung für enriched E-Books?

Bei *Hoffmann und Campe* werden enhanced E-Books nicht höher bepreist. Gleichzeitig haben wir uns entschieden, keine verschiedenen Varianten anzubieten. Es gibt also kein *plain E-Book* neben dem enhanced E-Book. Wir legen vielmehr die Datei so an, dass das E-Book auf allen Lesegeräten lesbar ist. Wer das passende Lesegerät hat, erhält obendrauf noch das Zusatzmaterial. Bei den anderen werden sogenannte Fall-Backs angezeigt, also in der Regel Links ins Netz, wo das Multimediamaterial abgerufen werden kann.

Wir verkaufen den Mehrwert also nicht teurer oder extra, er ist sozusagen als Zusatz obendrauf. In Zeiten, in denen die Lesegeräte noch keine flächendeckende Umsetzung bieten können ist das unserer Meinung nach eine gute Strategie.

Für die Zukunft können enhanced E-Books die Chance bieten, das Preisniveau zu halten, denn die E-Book-Preise werden aufgrund der hohen Preissensibilität mittelfristig sicherlich sinken. Gleichzeitig sehe ich, dass die Anreicherungen sich nicht unbedingt auf den Preis niederschlagen, aber vor allem ein gutes Marketingargument sind. Ich glaube und hoffe, dass ein E-Book höhere Begehrlichkeiten weckt, wenn dem Kunden damit ein Mehrwert oder sogar etwas Exklusives angeboten wird. Ich persönlich würde zwar nicht unbedingt mehr für eine Bonus-DVD zahlen, würde sie mir aber unter Umständen erst wegen des Bonusmaterials anschaffen wollen.

Und zuletzt: Sobald die Technik es uns erlaubt, sollten wir unbedingt über andere Zahlungsmodelle nachzudenken. Zum Beispiel ein Erwerb des Bonusmaterials innerhalb des Buches ähnlich des In-App-Purchases.

Das dauert aber noch, oder? Diesen Themenbereich wollte ich zuerst auch stärker behandeln und dachte dann: Das ist doch noch zu weit weg für eine Branche, die das Digitale an sich schon kaum akzeptiert.

Ja, das dauert definitiv noch. Dennoch glaube ich, dass es sogar eine sehr starke Option werden wird.

Ist das enriched E-Book eine Möglichkeit, neue Zielgruppen zu erschließen oder nur alte zu behalten?

Es geht eher in Richtung behalten. Wer vorher nicht gelesen hat wird damit nicht anfangen, nur weil etwas interaktiver zugeht.

Ich würde Ihre Frage aber noch aus einer anderen Perspektive beantworten wollen. Denn die Zielgruppe eines Verlags sind nicht nur Käufer sondern auch Autoren. Und in Zeiten des Selfpublishing wird es für Verlage auch zunehmend darum gehen, für Autoren attraktiv zu bleiben. Den Autoren stehen momentan immer mehr Optionen offen, sich selbst zu verlegen. Aber bei multimedialen Produkten ist das nicht so einfach umzusetzen. Enhanced E-Books erfordern Investitionen und Know-how. Somit würden Verlage für die Zielgruppe Autor wieder attraktiver.

Jetzt kommt der Blick in die Zukunft. Hat das enriched E-Book Potential zum Massenmarkt oder wird es ein Nischenprodukt bleiben?

Wie bereits erwähnt hoffe ich, dass der Begriff enhanced verschwindet und das ganze Produkt schlichtweg als das E-Book angesehen wird. Eine eigenständige elektronische Form, bei der es ganz normal ist, dass sich der Inhalt zum Trägermedium verhält. Ich glaube auch, dass es bald eine neue Art von Autorengeneration geben wird, die von vornerein enhanced schreibt. Somit schlägt sich der digitale Denkprozess bereits im Manuskript nieder und die Produktion wird viel, viel einfacher.

Könnten Sie abschließend noch einmal die ganz zentralen Treiber zusammenfassen, die eine positive Marktentwicklung bedingen würden?

An erster Stelle ist es die Technik, die sich noch entwickeln muss. EPUB 3 lässt sich kaum abspielen und Player wie *Amazon* starten ständig Alleingänge mit Formaten. Es muss ein Formatstandard entwickelt sein, der die Darstellung vereinheitlicht. Und vor allem muss es eine flächendeckende Verbreitung der Endgeräte geben. Auch das Thema *Cloud-Computing* muss stärker in den Fokus gerückt werden, da die Dateien sehr groß sind.
Und: Wir brauchen eine neue Autorengeneration mit neuen Erzählkonzepten. Und vor allem mündigere Leser mit einer veränderten Erwartungshaltung, Leser die wissen, was sie von den Verlagen und den Autoren einfordern können. Auch andere Zahlungsmodelle müssen denkbar sein.

Ich habe gelesen, dass *Facebook* bereits 2008 den Aufbereiter von Al Gores „Our Choices" aufgekauft hat. Und auch in den USA drängt *Apple* aktuell auf den Schulbuchmarkt. Kann man daraus deuten, dass bereits andere Player den enriched E-Book-Markt beherrschen werden?

Auf jeden Fall hat zum Beispiel *Apple* ein großes Interesse daran, diesen Markt, der auch für die Verbreitung ihrer Geräte von Bedeutung ist, auszubauen. Was auch heißt, dass *Apple* dafür Inhalte braucht. Mit *ibooks Author* ist schon ein großer Schritt getan, sich als Anbieter für Multimediaprodukte im Buchmarkt zu etablieren.
Auch die Gamesbranche wird sich annähern. *Google* hat beispielsweise jetzt einen Autor beauftragt, der über das Augmented-Reality-Game „Ingress", eine *Android*-Anwendung, ein Buch schreiben soll. Auch das könnte bereits mit multimedialen Elementen angereichert sein. Das ist nur ein kleines Zeichen, dass andere Player aus ganz verschiedenen Ecken auf den Markt drängen werden. Vielleicht auch vom Film her.
Es müssen also nicht unbedingt die Buchverlage sein, die das Produkt letztendlich vorantreiben und umsetzen.

Vielen Dank für das Interview, Frau Nöth!

Anhang D: Die App aus Expertensicht

Ergänzend zu den Ausführungen unter 2.2.2 wird der programmier-theoretische Hintergrund der App an dieser Stelle vertieft: Bei der App-Entwicklung muss von vornerein die Entscheidung getroffen werden, ob die Programmierung als *Native* oder als *Web App* durchgeführt werden soll. Native Apps werden speziell für Betriebssysteme programmiert und laufen ausschließlich auf Geräten mit entsprechender Software (z.B. *iOS* und *Apple*-Geräte) (Matrisch & Welch, 2011, S. 146.). Eine Web App kann als eine speziell programmierte HTML5-Website verstanden werden, „die das Endgerät erkennt und den Inhalt optimiert dafür darstellt" (Würstl, 2011, 21. September). Es entsteht der Vorteil, dass das über einen Browser zugreifende Endgerät die Web-App somit softwareunabhängig nutzen kann. Die Darstellung der Web-App kann durch eine entsprechende Programmierung ähnlich oder gleich dem Aussehen und der Handhabung („Look and Fell") einer Native App gestaltet werden (ebd.).

Die Angebotserhebung hat bereits aufgezeigt, dass die App für einige Verlage durchaus eine Option darstellt. Durch die Kompatibilitätsprobleme der E-Book-Formate ist ein Umschwenken der Verlage hin zur App denkbar. Die Experten sehen das Format jedoch aufgrund verschiedener Faktoren eher kritisch und belegen die bereits im Theorieteil angesprochenen Nachteile der App.

„Die App wird für buchähnliche Inhalte nicht funktionieren", ist sich Möllers sicher (Möllers, Anhang C c., S. 123). Nöth verweist darauf, dass die nötigen Investitionen so hoch seien, dass die Produktionskosten einer App so gut wie nie wieder eingespielt werden könnten (Nöth, Anhang C f. S. 136). Besonders der hohe, kostenintensive technische Aufwand eines App-Frameworks sei es, was die App unwirtschaftlich mache (Möllers, Anhang C c., S. 123). Hinzu komme eine enorme Preissensibilität der Kunden (Hesse, Anhang C b., S. 135; Nöth, Anhang C f. S. 137). Naumann erläutert, dass die Preisschwellen im App-Store so „wahnsinnig" seien, dass Verlage die Bücher zu einem „Schleuderpreis rauswerfen" müssten und dies auf Dauer nicht als sinnvolle Strategie bezeichnet werden könne (Naumann, Anhang C e., S. 127). Problematisch sei auch das Konzept des App-Stores an sich, welches Frau X als nicht für die Buchbranche tauglich ansieht (Frau X, Anhang C a., S. 102). Sie findet, dass überbordende Angebote und die fehlende Struktur, ein Buch von einem Spieleangebot abgrenzen zu können, Bücher im App-Store untergehen ließen (ebd.). Laut Nöth komme erschwerend hinzu, dass App-Marketing ganz anders funktioniere als Marketing für Bücher (Nöth, Anhang C f. S. 137). Weiterhin müssten sich Verlage „auch über regelmäßige Updates und deren Aufwand im Klaren sein" (ebd.).

Doch IT-Consultant und App-Spezialist Kiefer hat Argumente, die diesen Aussagen entgegenstehen. Auch wenn er für Apps im Vergleich zu enriched E-Books eine noch stärkere Distanz der Verlage wahrnehme, sieht er in dem alternativen Ausgabeformat eine Chance für Verlage, wertvolle Erfahrung zu sammeln (Kiefer, Anhang C c., S. 113). Das Problem der Aufmerksamkeit im App-Store versucht er zu widerlegen und argumentiert, dass es nicht nur die Bücher seien, die dort untergingen. Vielmehr sei es für alle Angebote schwierig, dort die angemessene Aufmerksamkeit zu erhalten (ebd.). Außerdem könne man die Positionierung mit Marketingmöglichkeiten ähnlich Search Engine Optimization positiv beeinflussen (ebd.). Updates sieht Kiefer ferner als Chance, da Fehlerkorrekturen so viel schneller durchführbar seien und neue Features eingebaut werden könnten. So bekämen bestehende und auch neue Nutzer einen Anreiz, sich erneut mit der App auseinanderzusetzen (ebd., S. 115). Der IT-Consultant weißt darauf hin, dass diese *Feature-Releases* allerdings schon in der Konzeption berücksichtigt werden müssten (ebd.). Dennoch sei die App für ihn nicht zwangsläufig das erfolgreichere Format, sondern man müsse die Wahl vom vorgegebenen Kontext (wie z.B. Warengruppen) abhängig machen (ebd., S. 112).

Kiefer verweist außerdem auf die Idee, die App nicht als einziges, sondern auch ergänzendes Ausgabeformat zu sehen. Er führt an, dass diese Zweitverwertung „nicht zweitklassig sein muss. Es kann auch sein, dass die animierte Mini-App sich viel besser verkauft als das Buch" (ebd., S. 115). Diese Zweitverwertung lässt sich als potentielle Cross-Media-Strategie interpretieren.